_____

_____

_____

_____

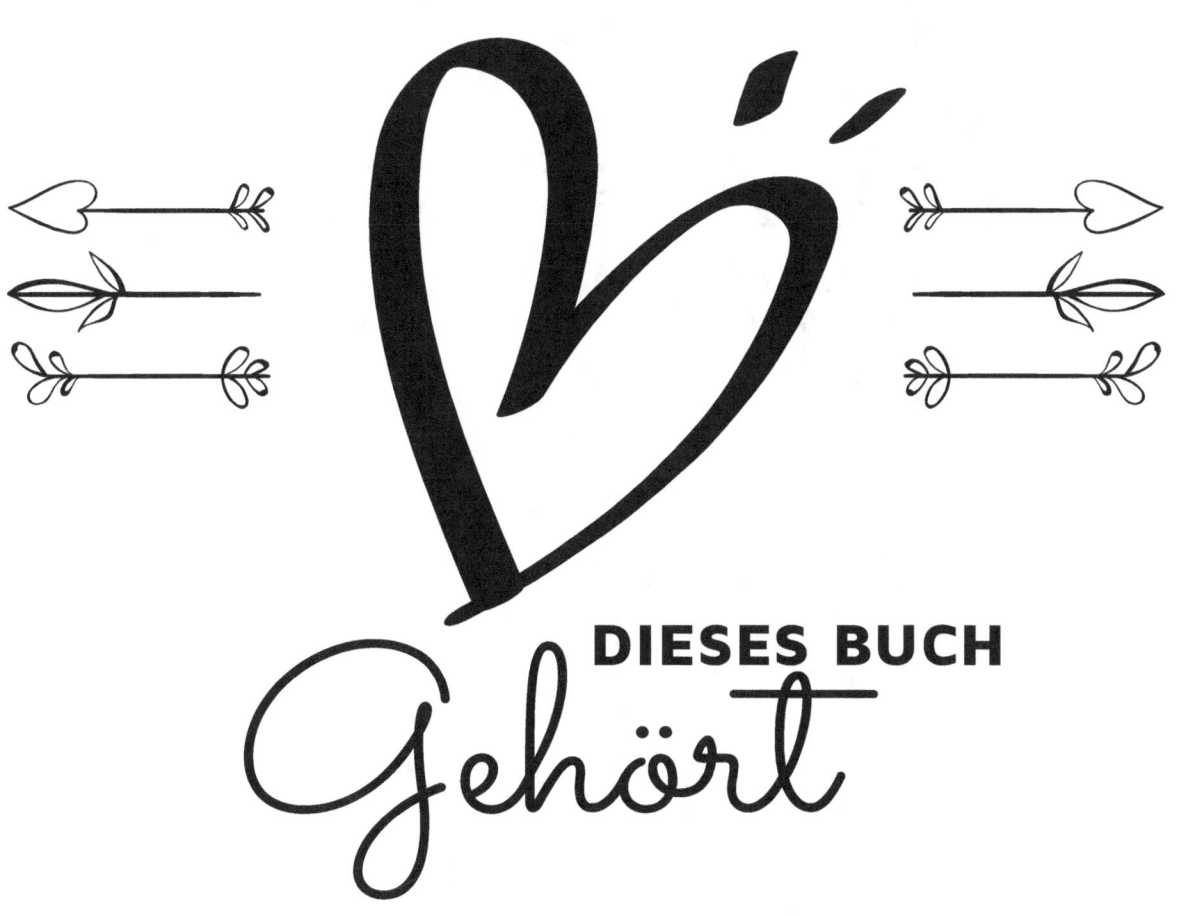

DIESES BUCH

Gehört

REGENBOGEN MALBUCH

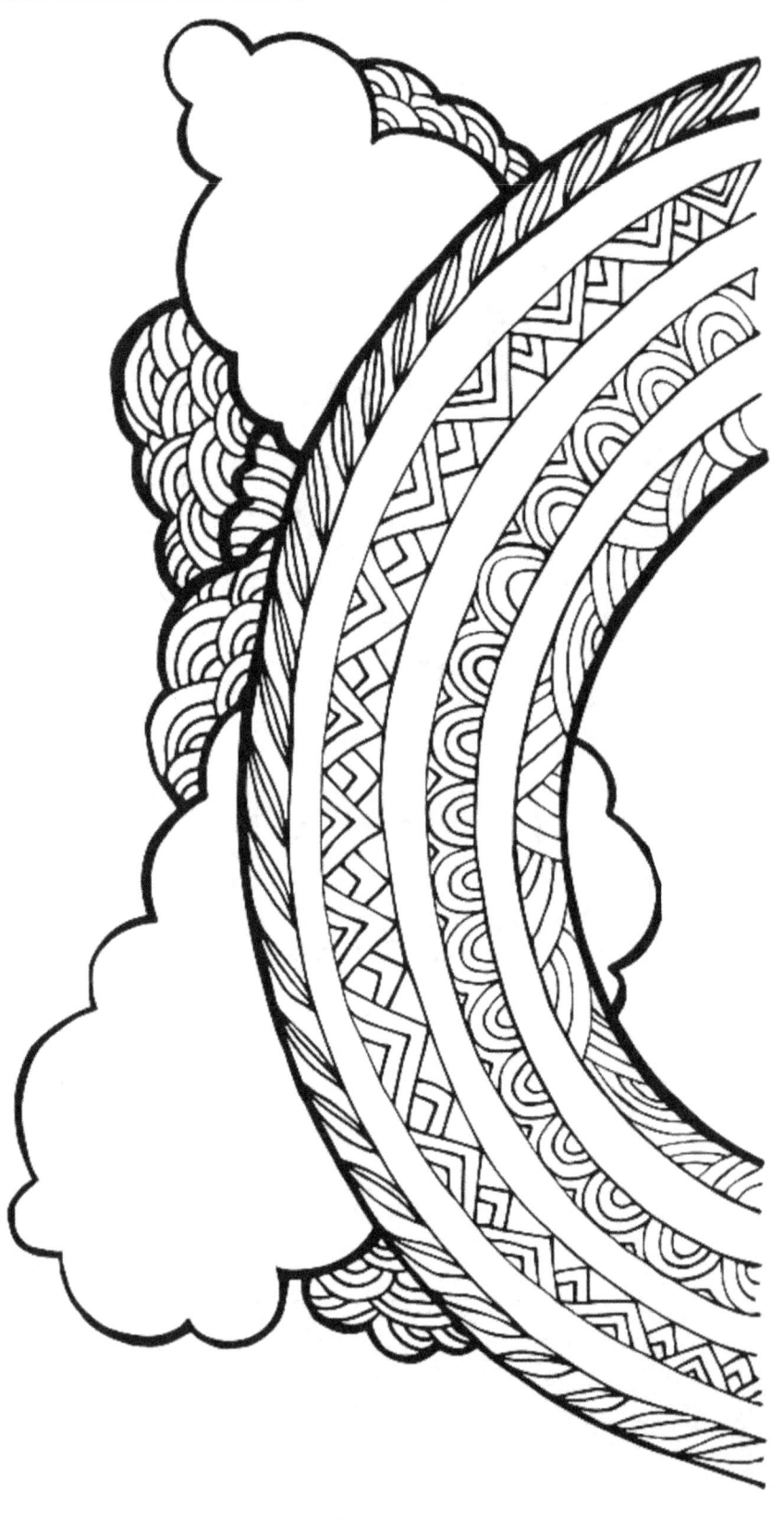

REGENBOGEN MALBUCH

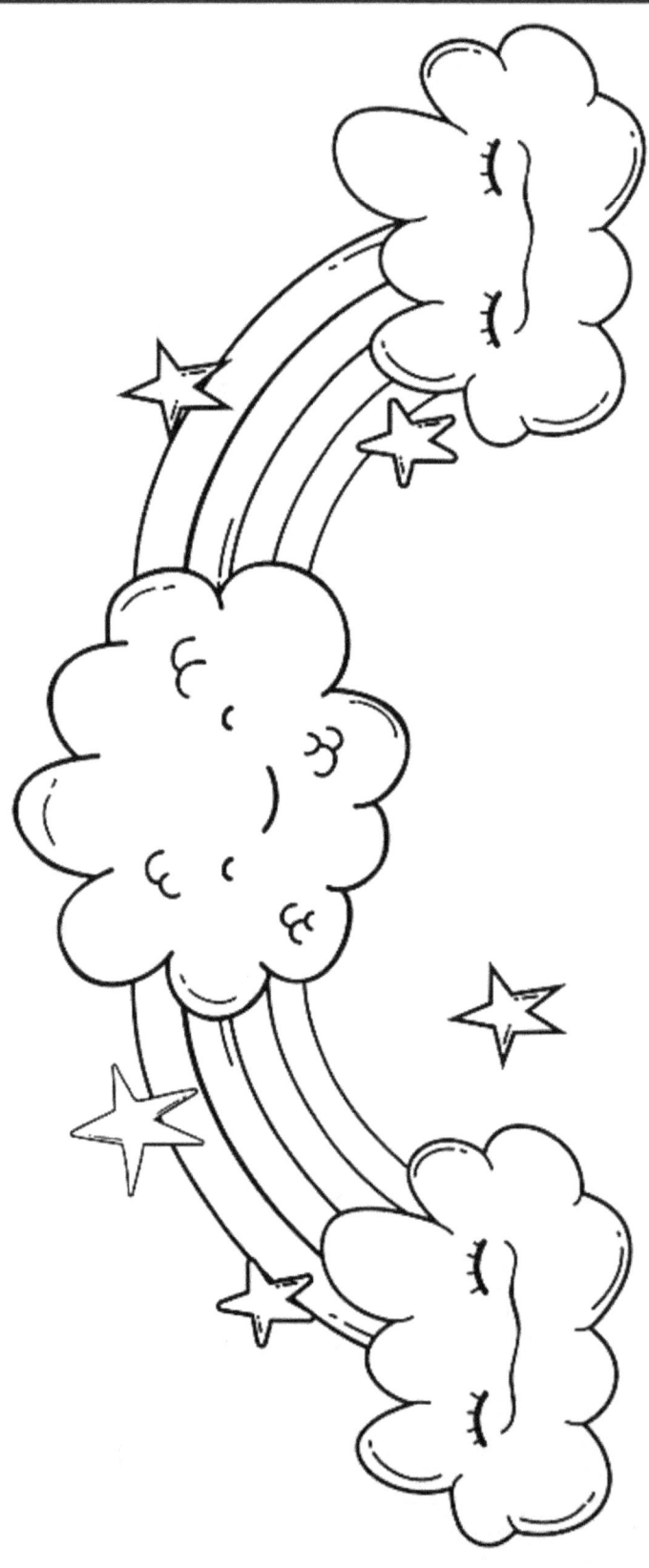

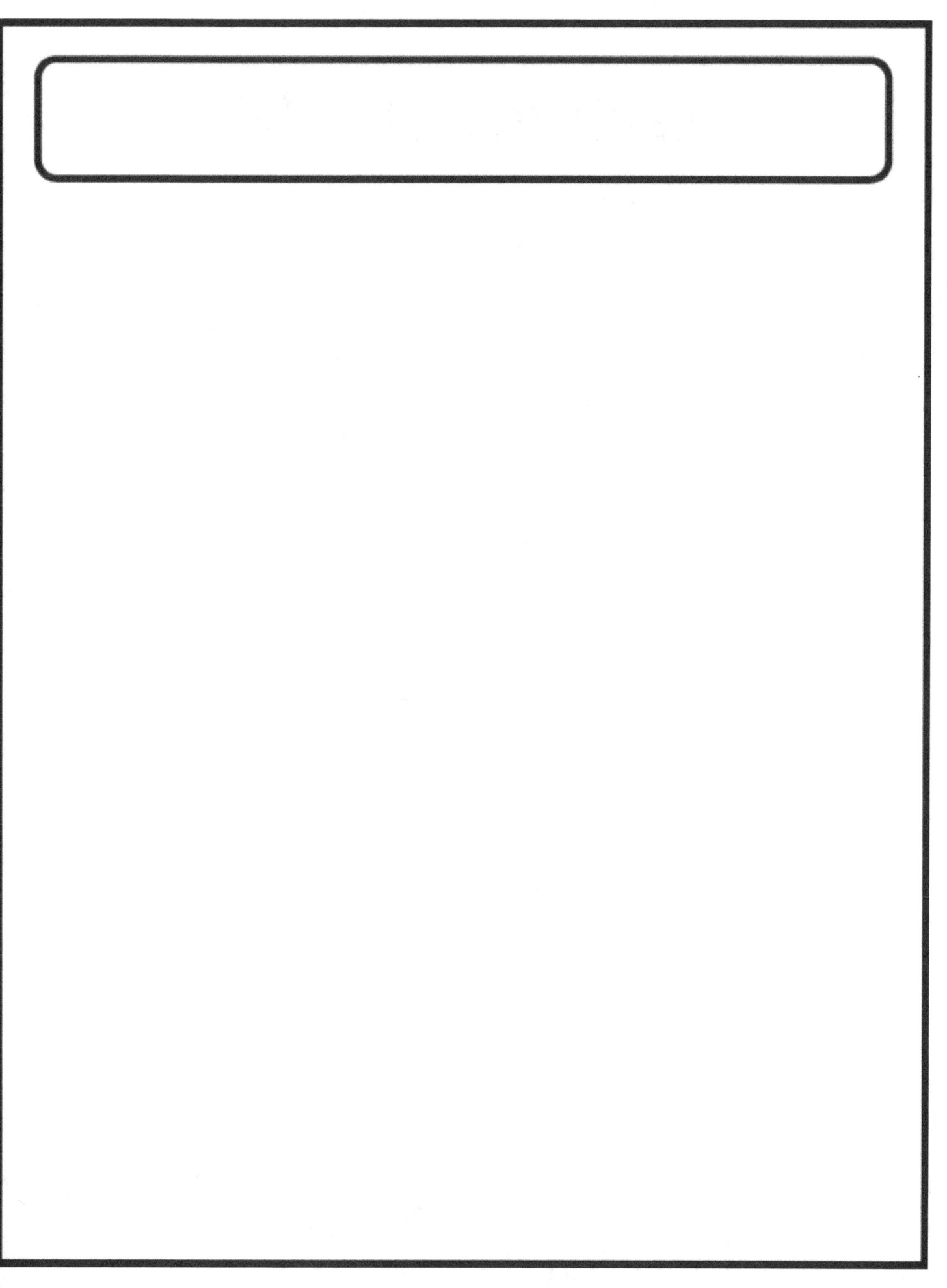

REGENBOGEN MALBUCH

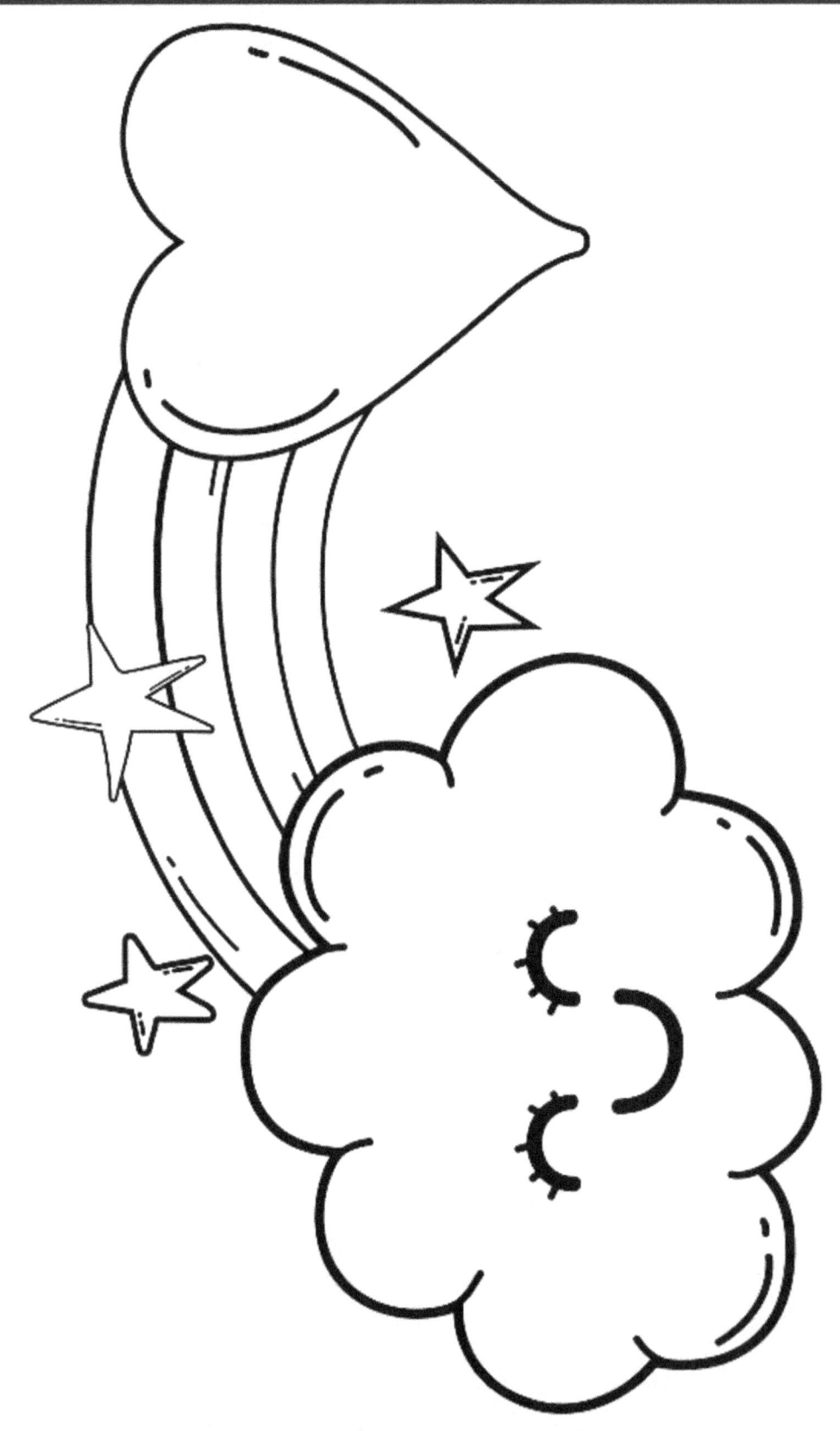

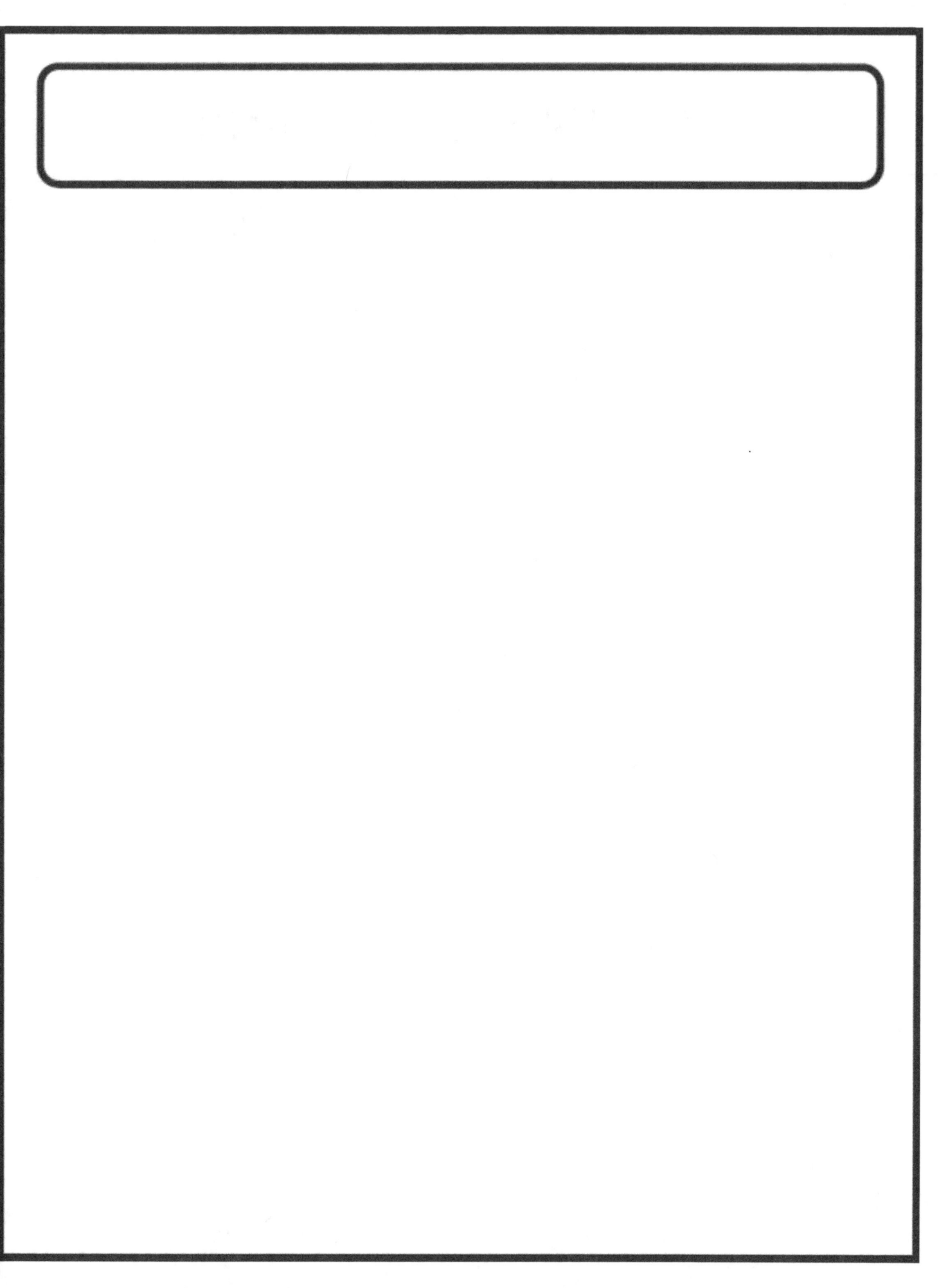

REGENBOGEN MALBUCH

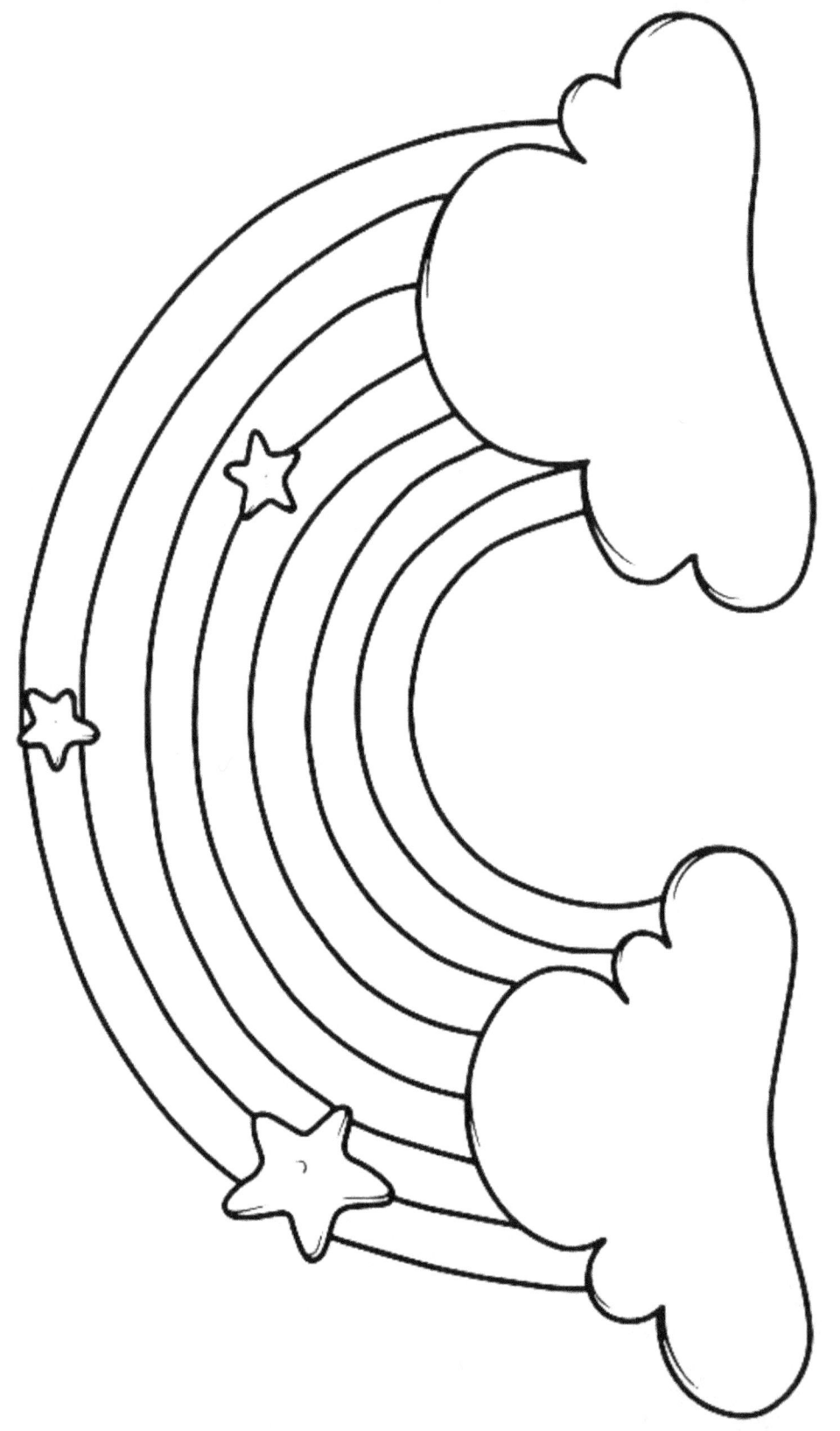

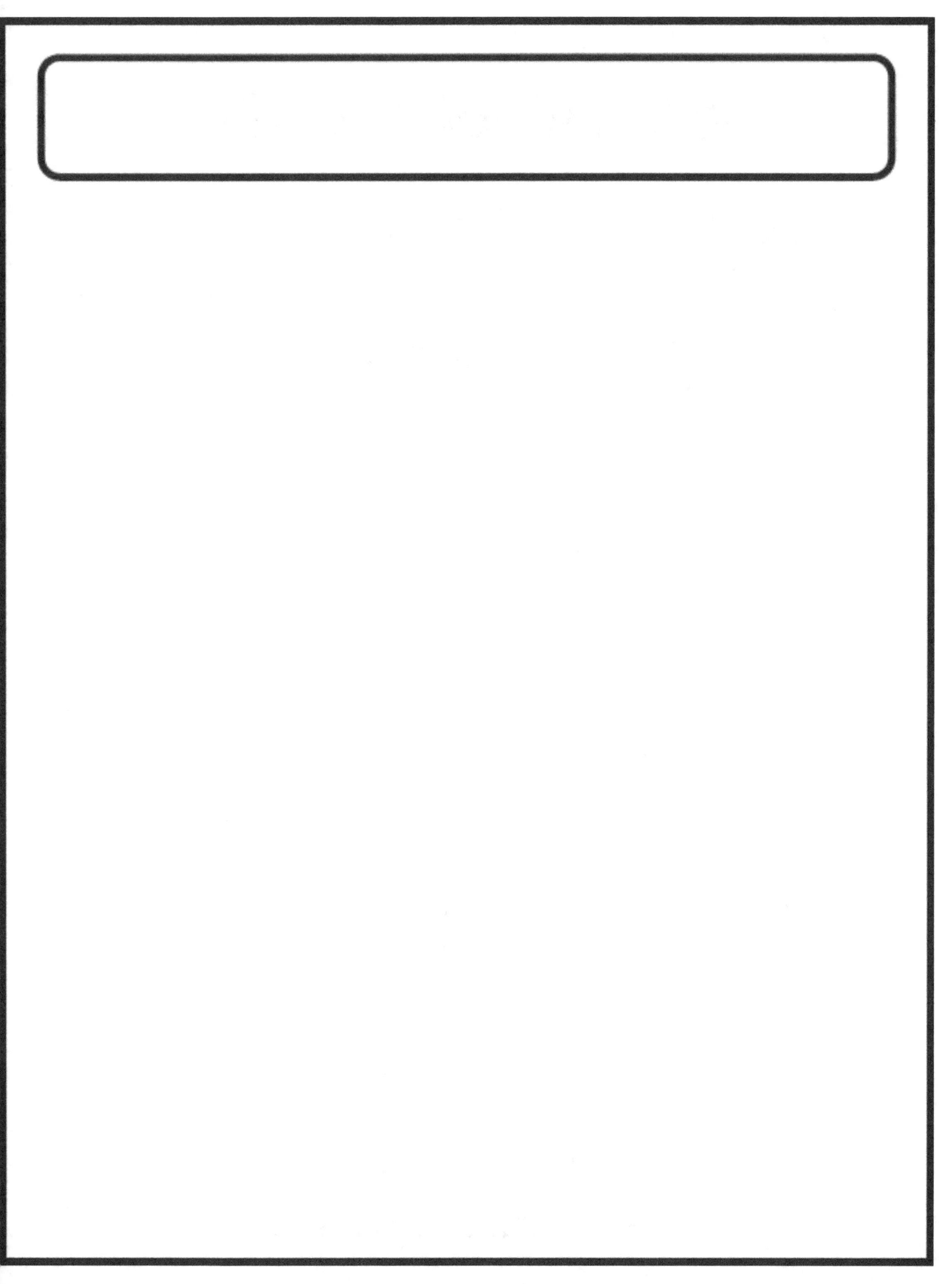

REGENBOGEN MALBUCH

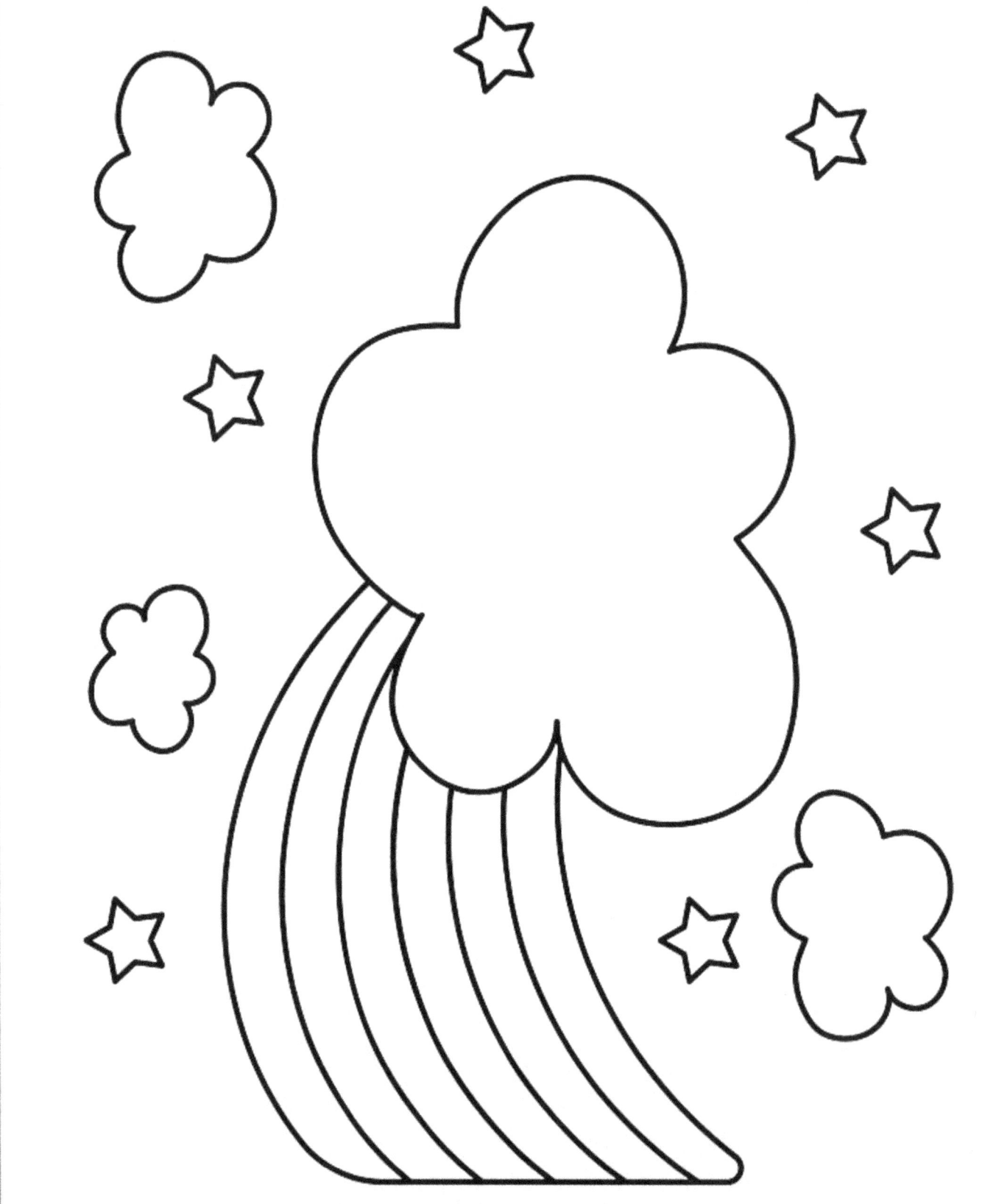

REGENBOGEN MALBUCH

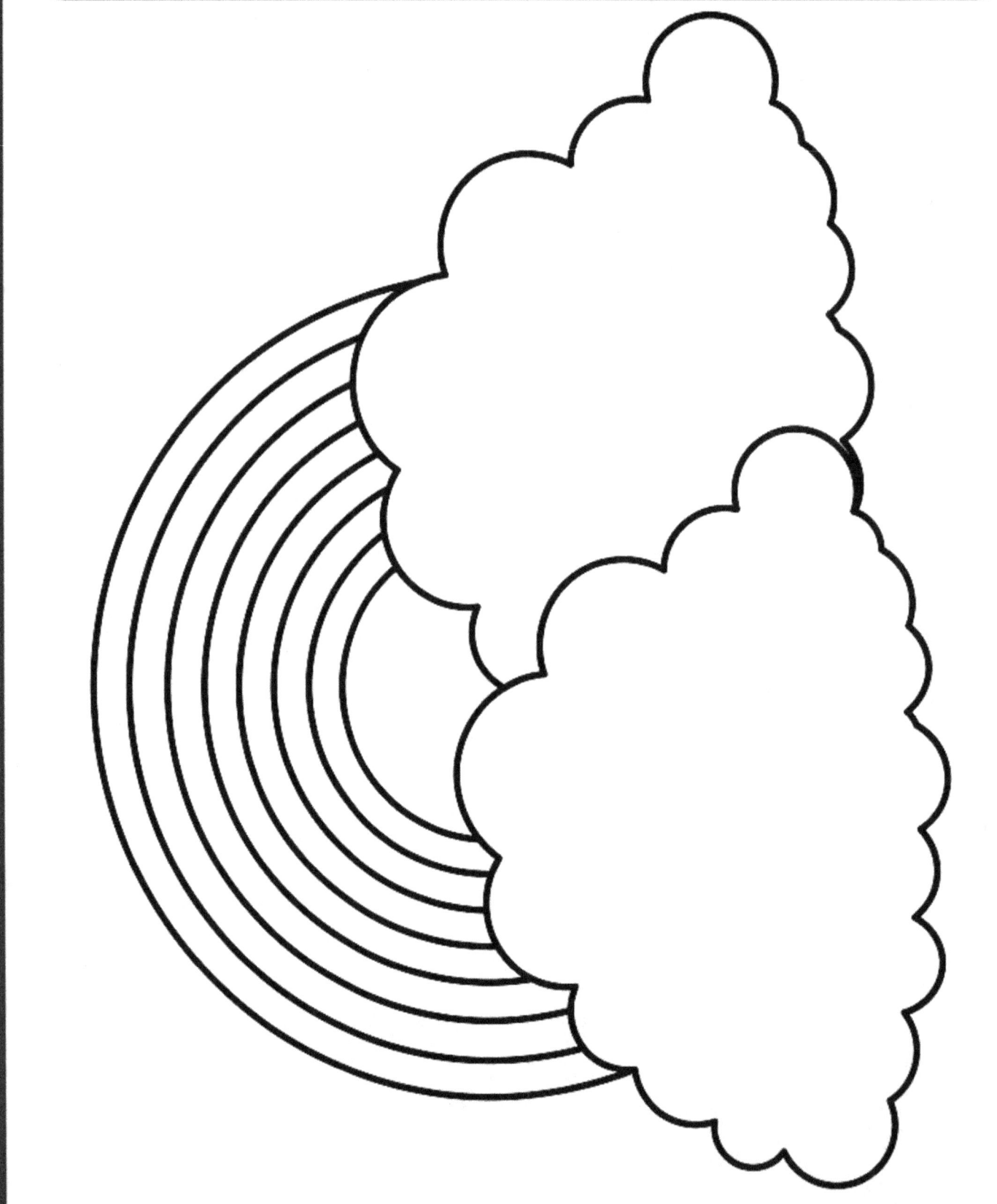

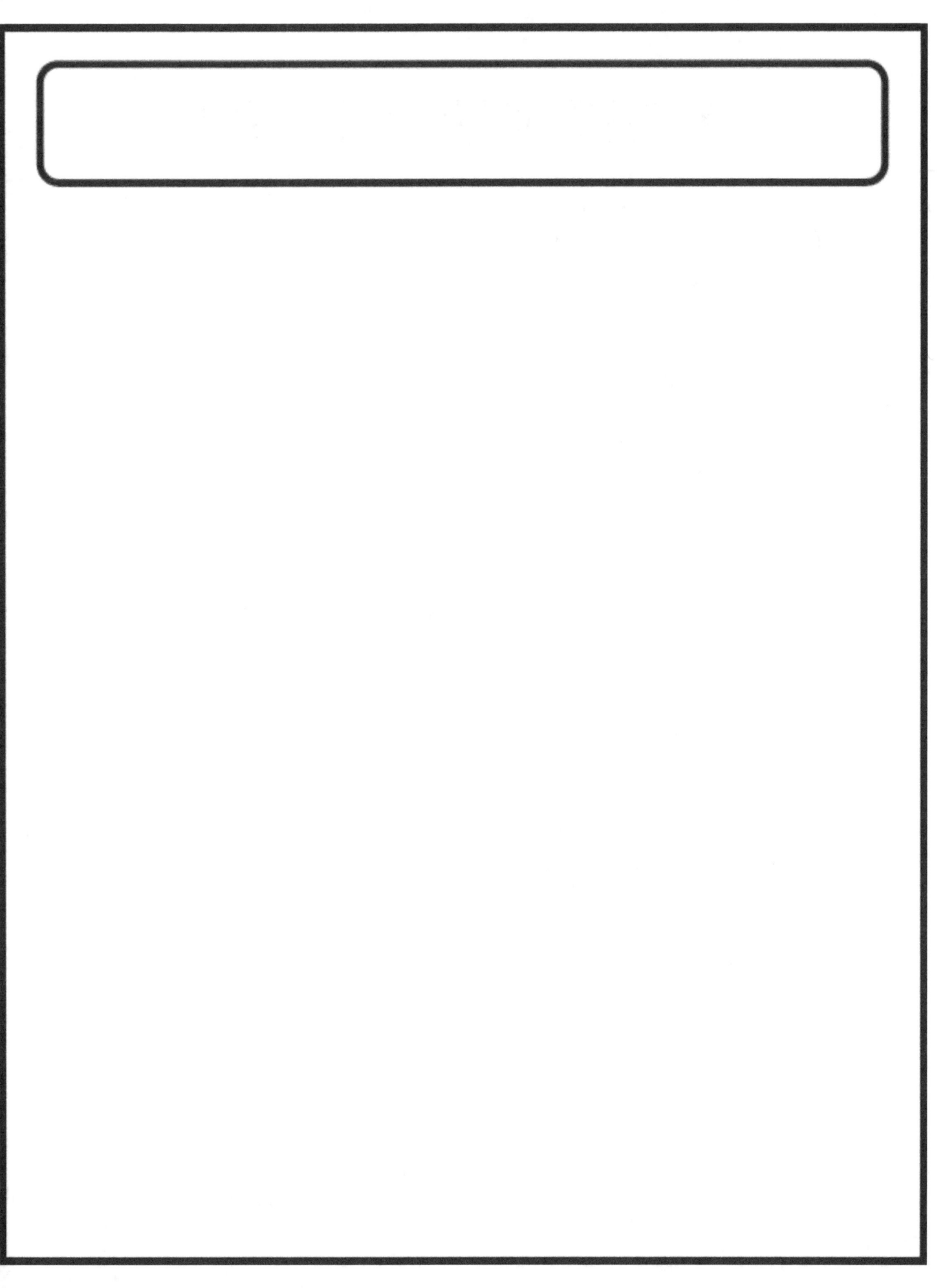

REGENBOGEN MALBUCH

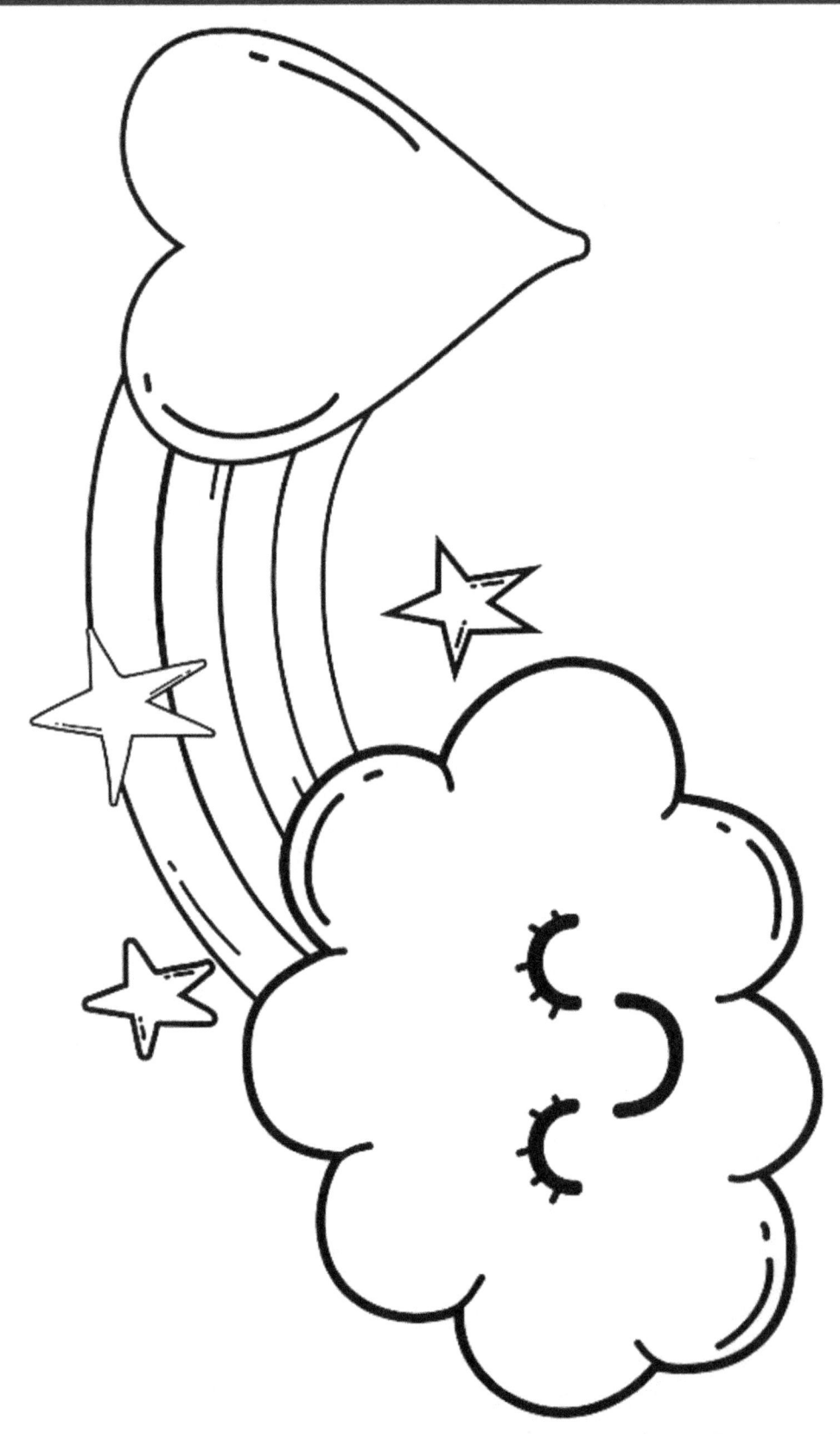

REGENBOGEN MALBUCH

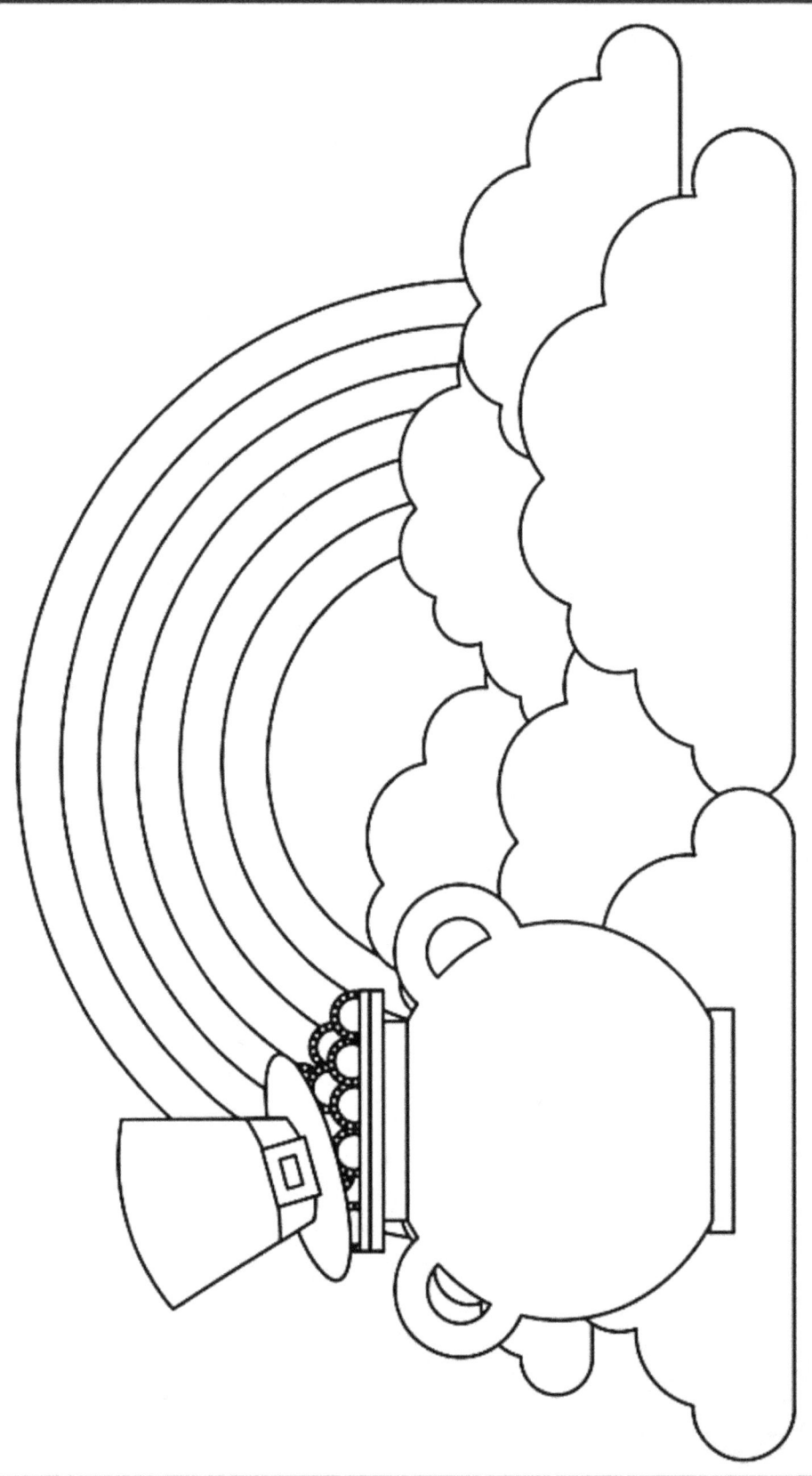

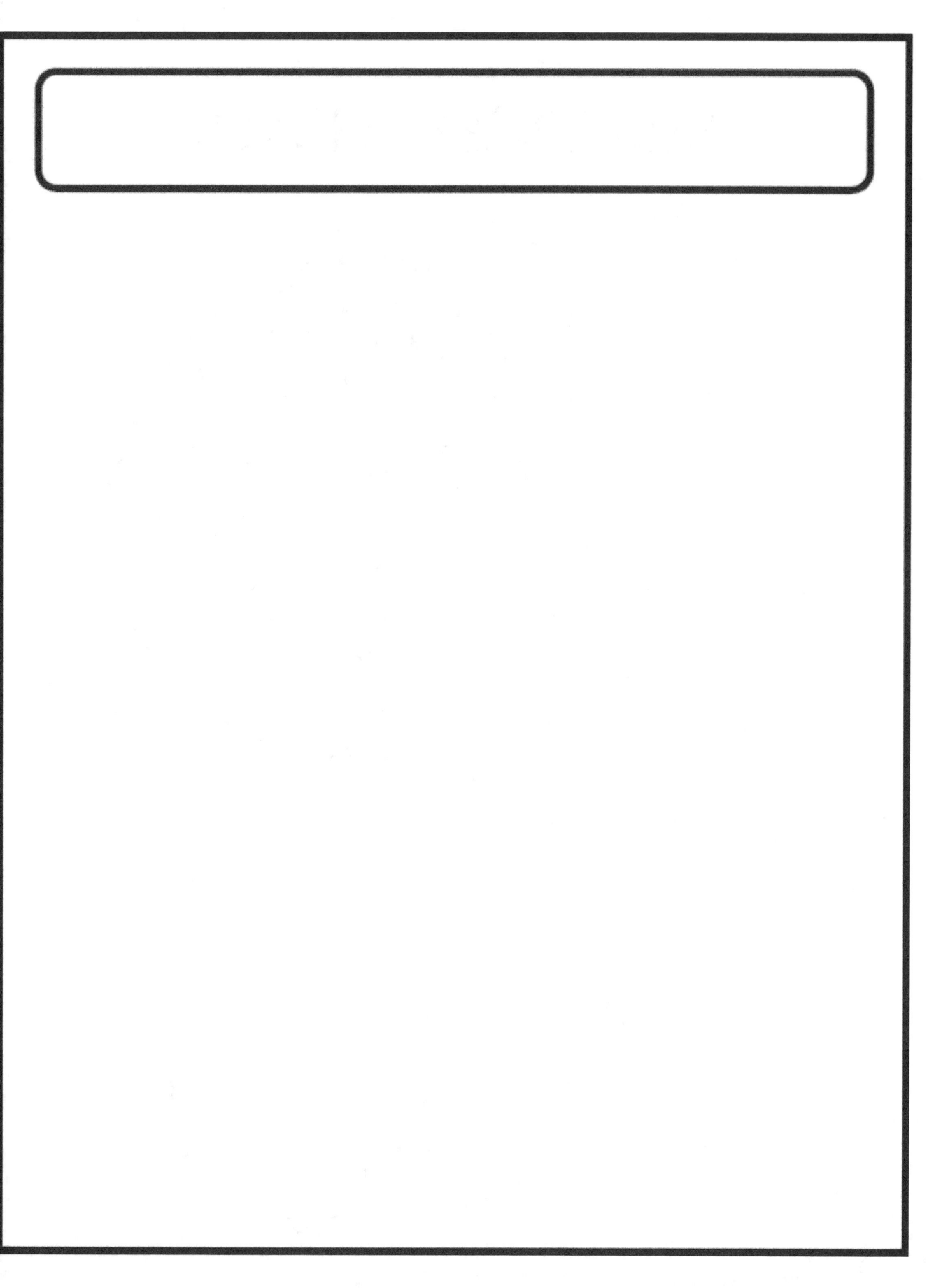

REGENBOGEN MALBUCH

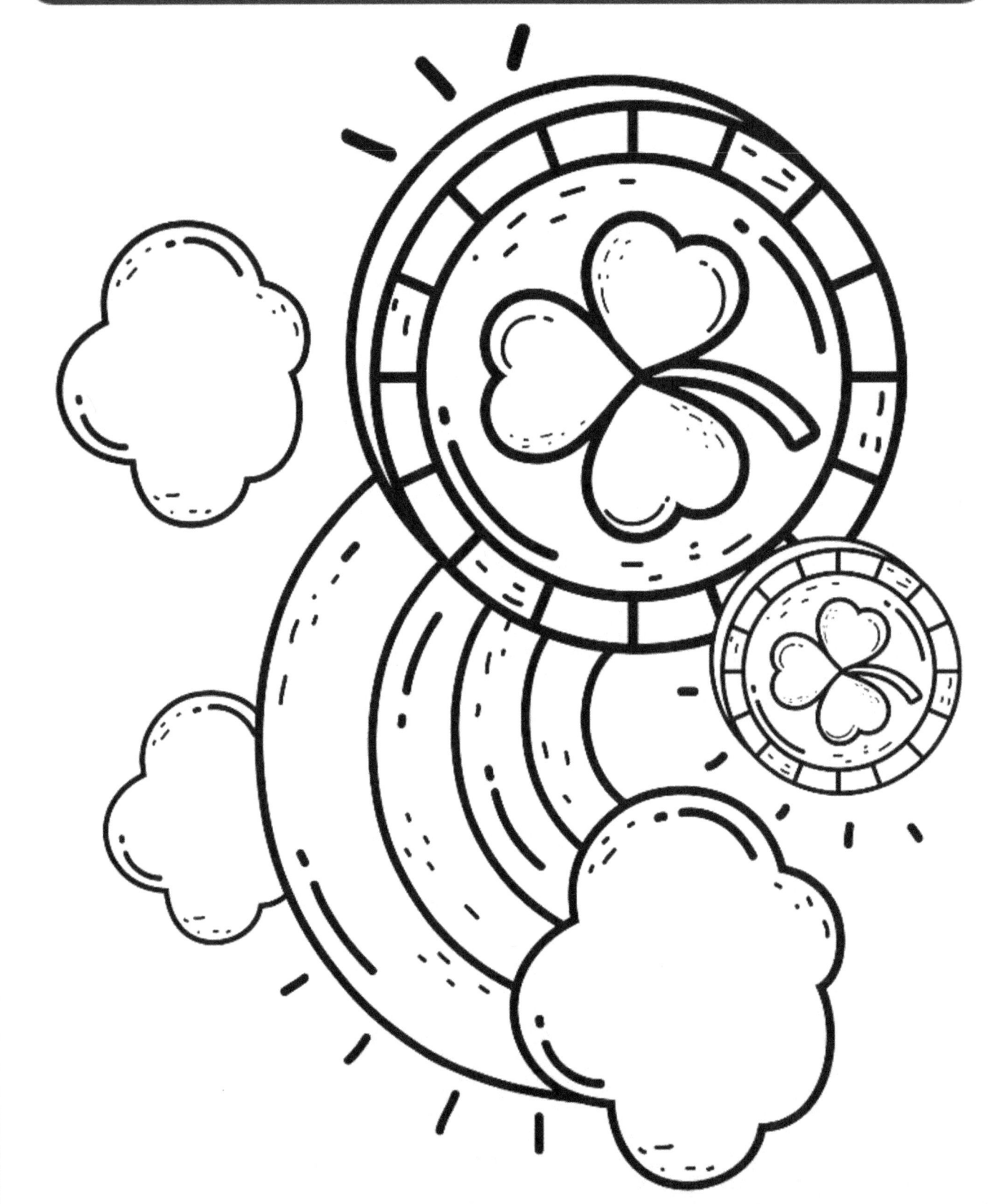

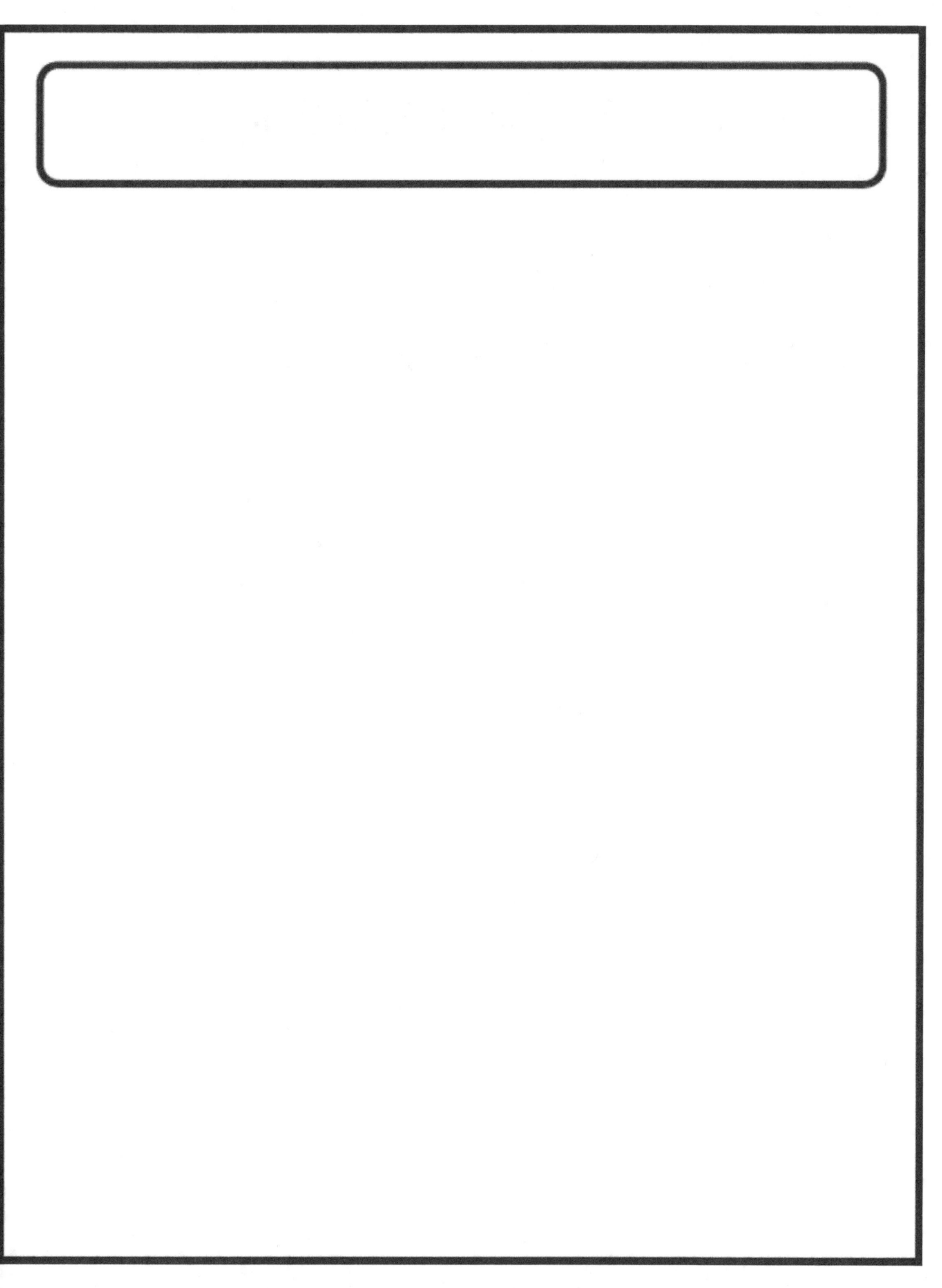

REGENBOGEN MALBUCH

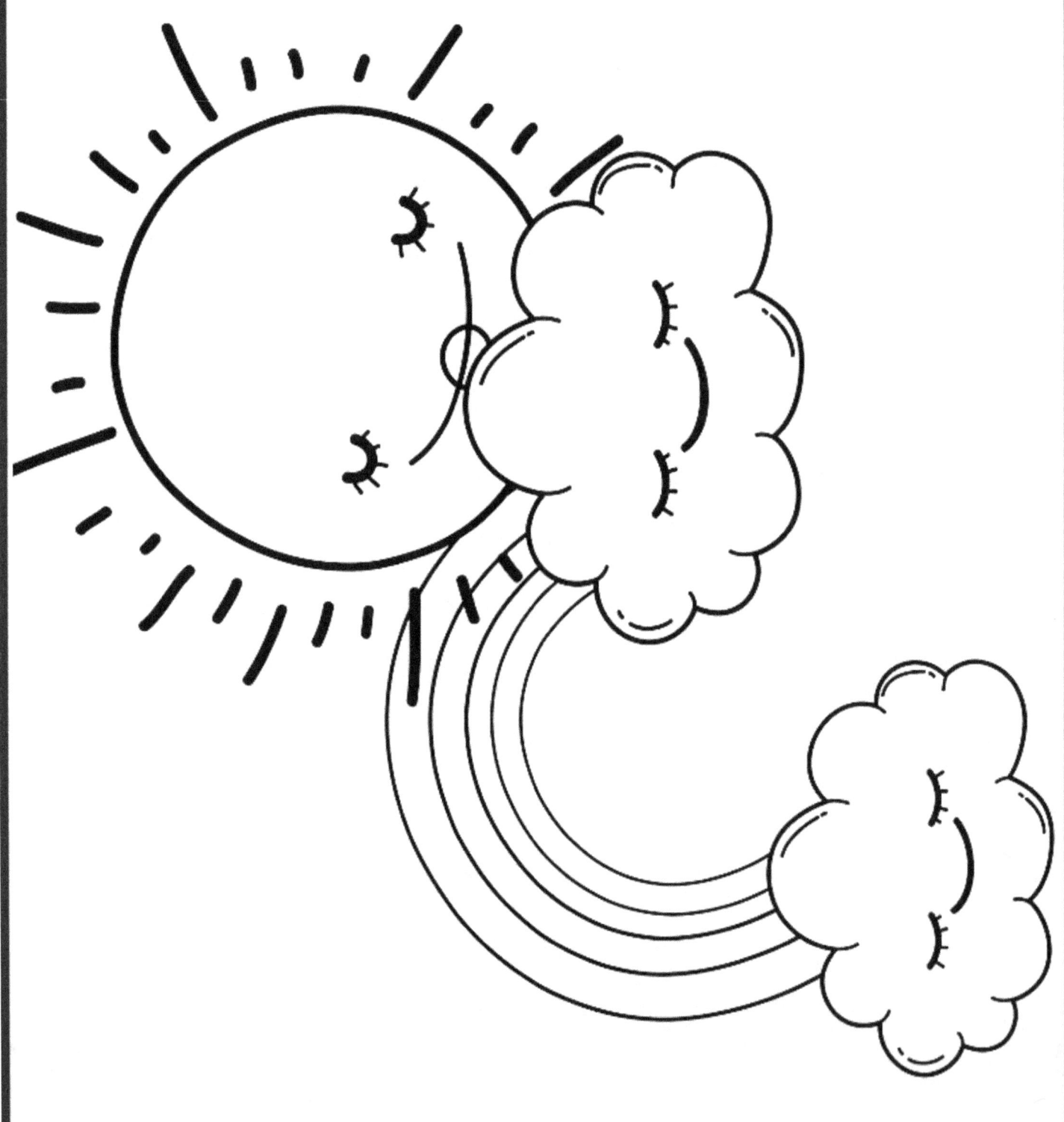

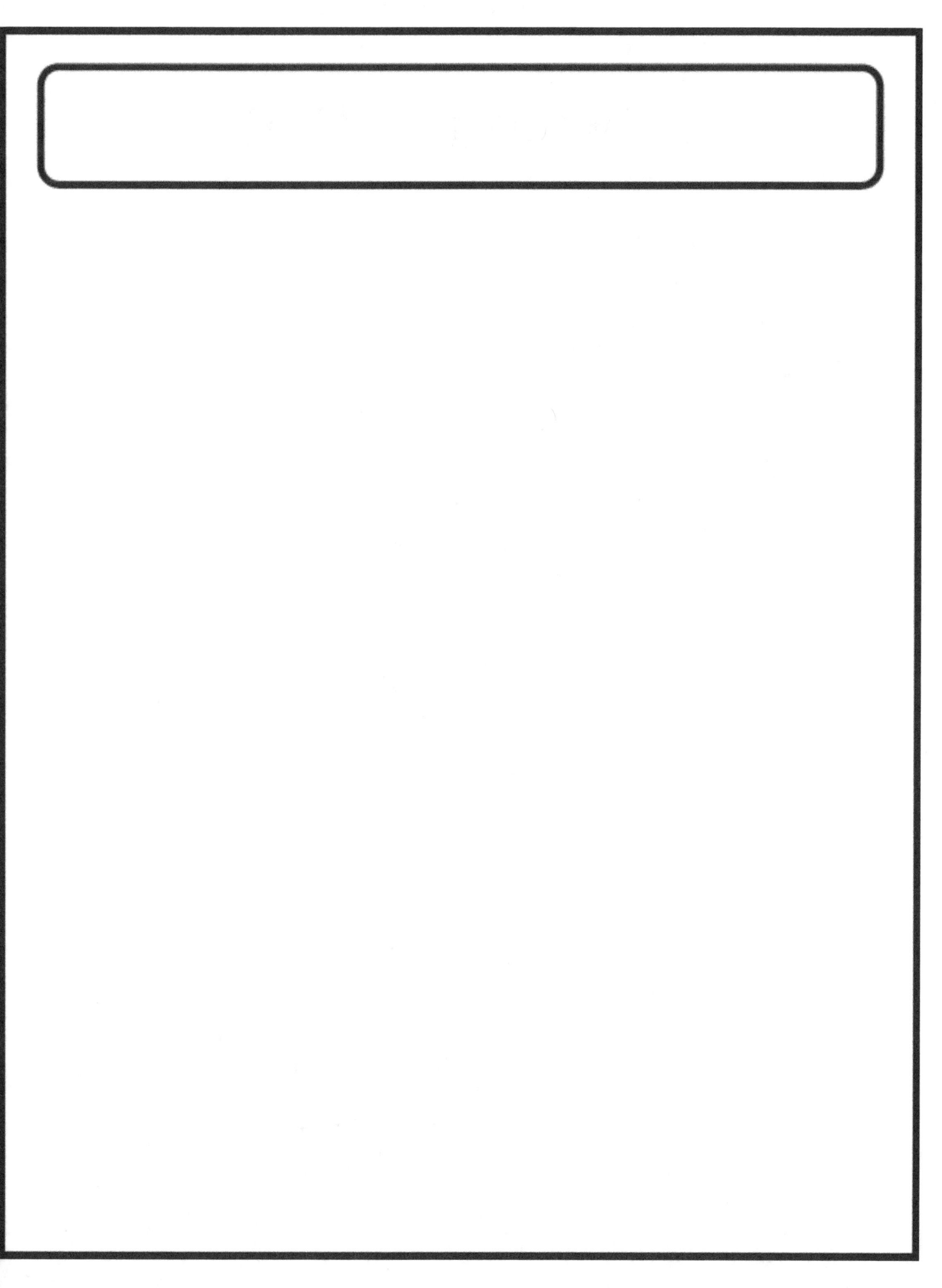

REGENBOGEN MALBUCH

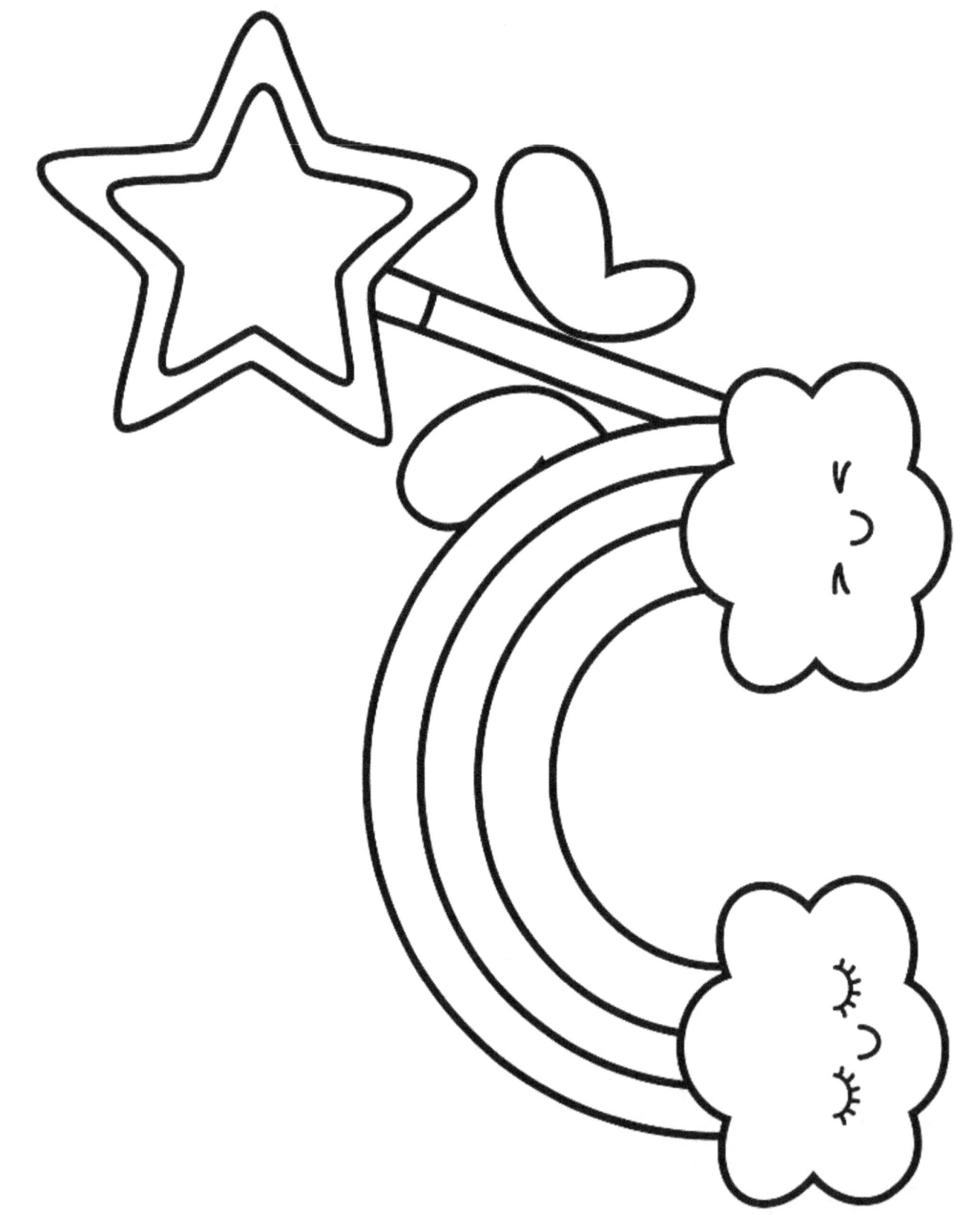

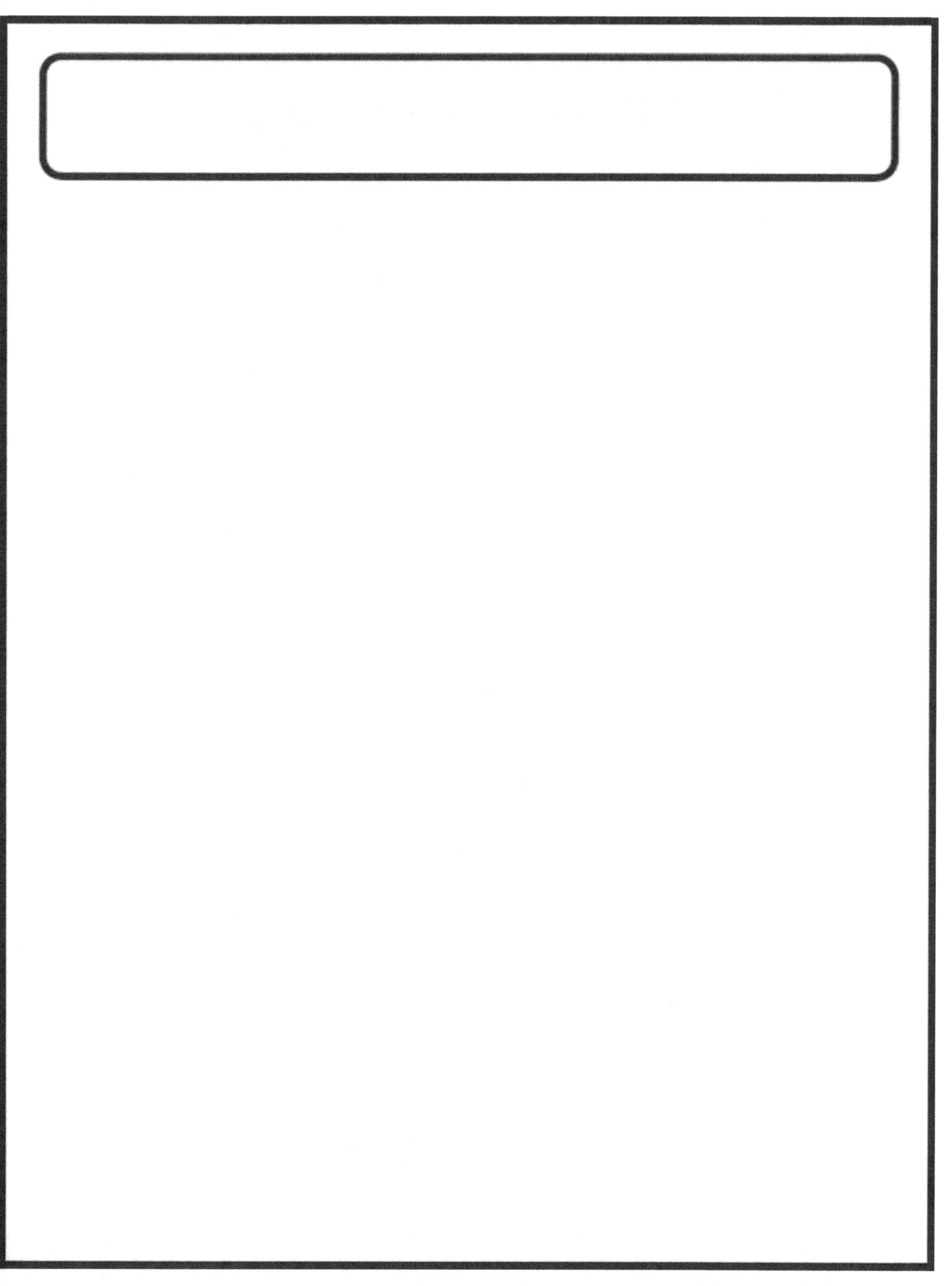

REGENBOGEN MALBUCH

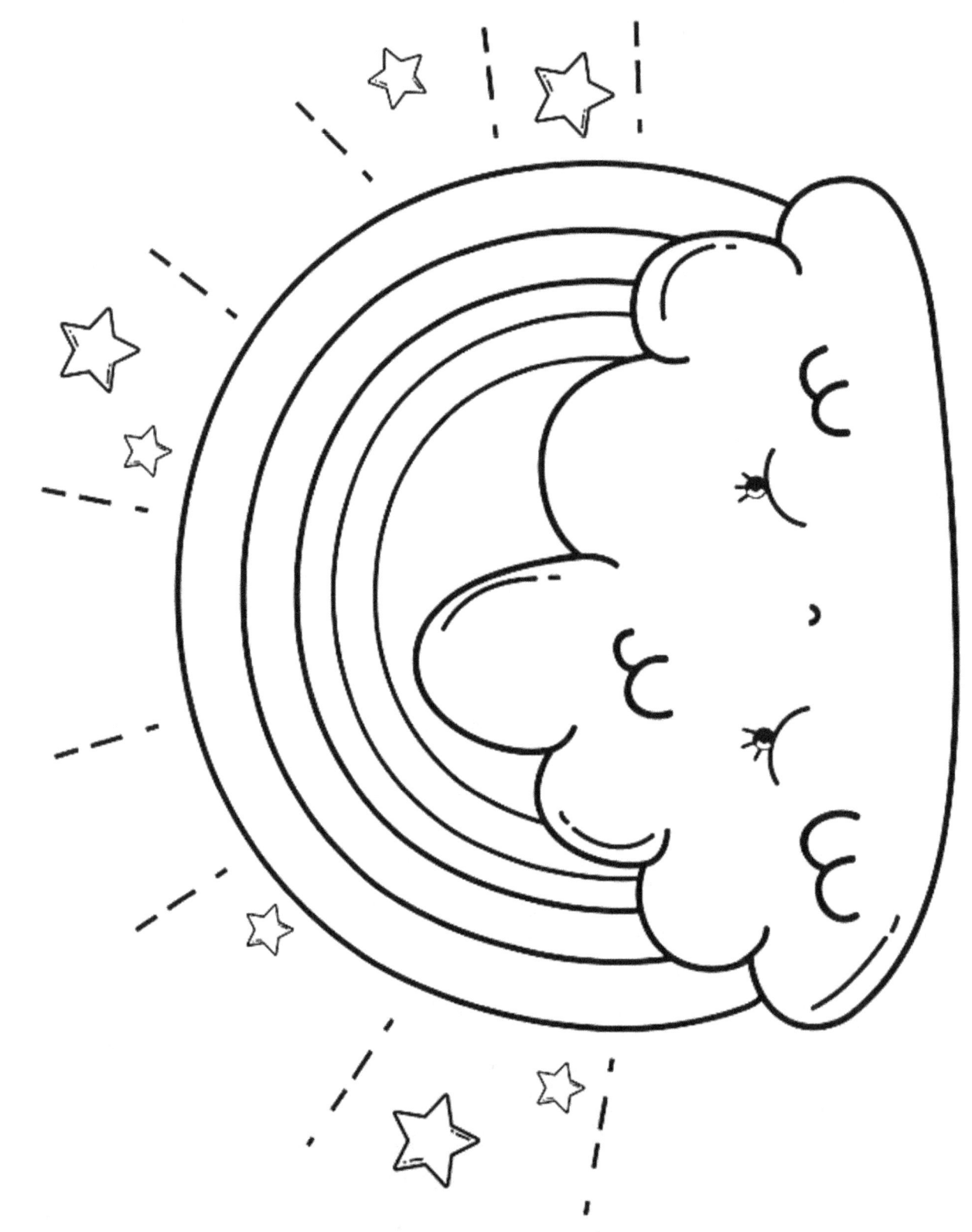

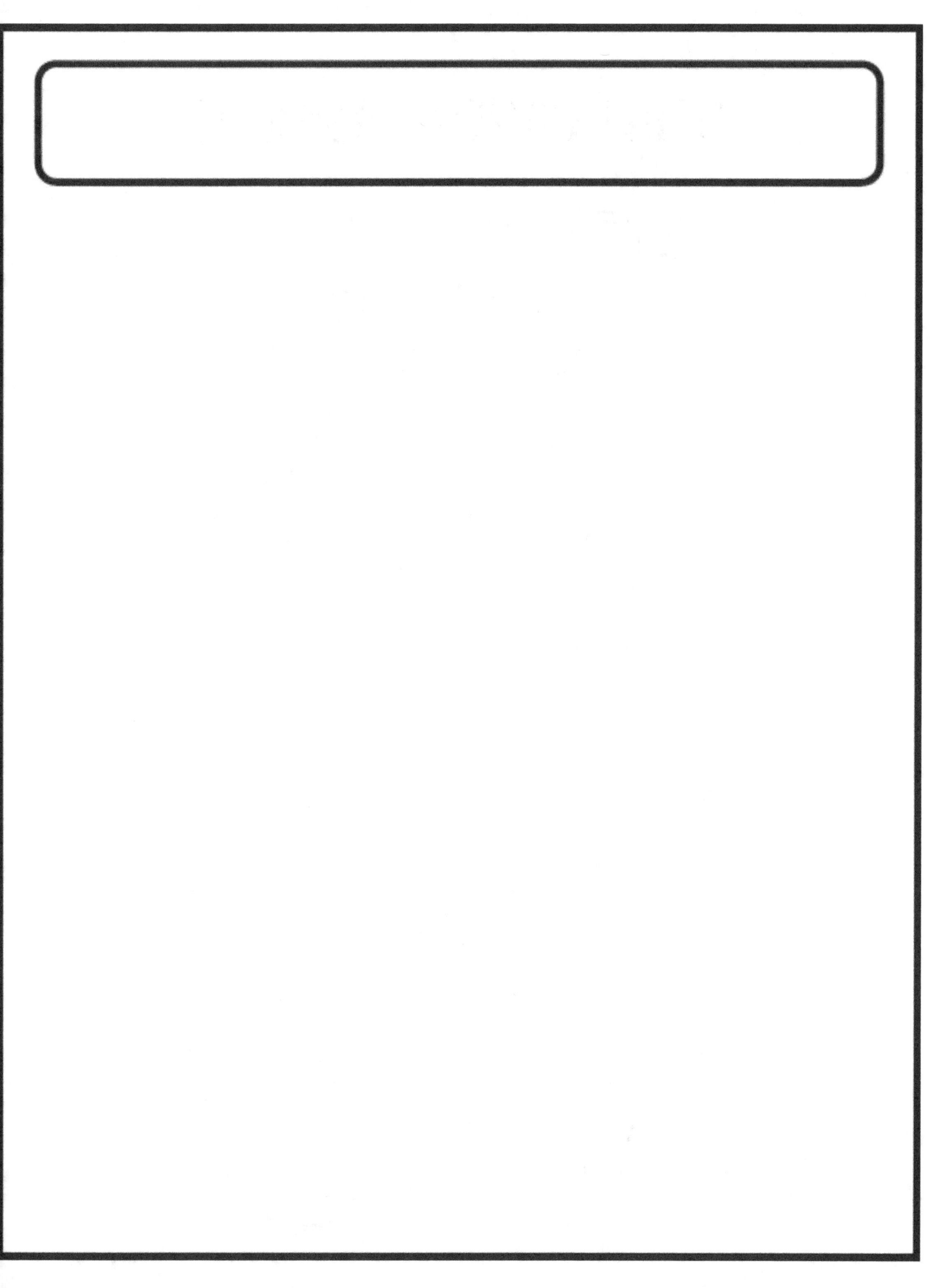

REGENBOGEN MALBUCH

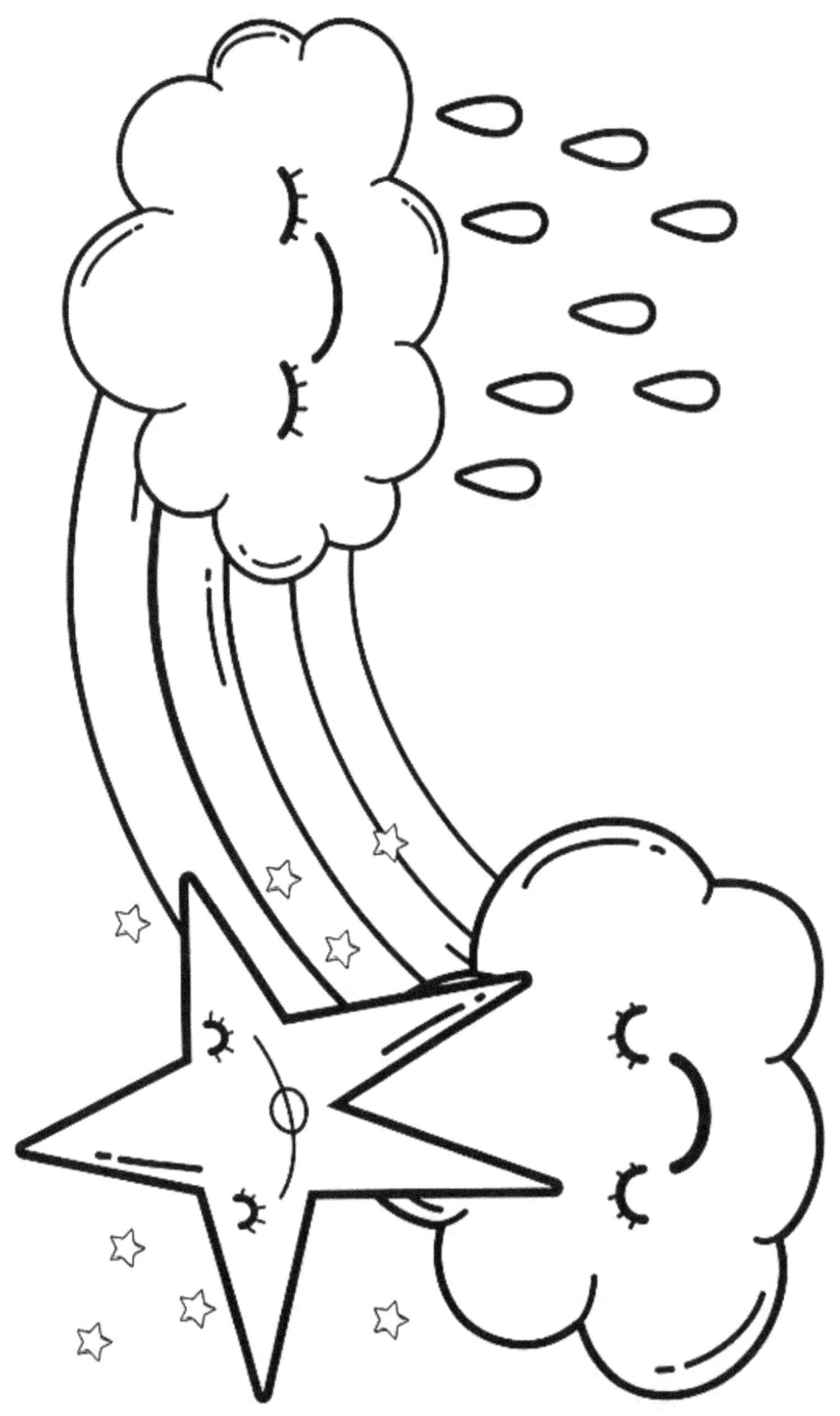

REGENBOGEN MALBUCH

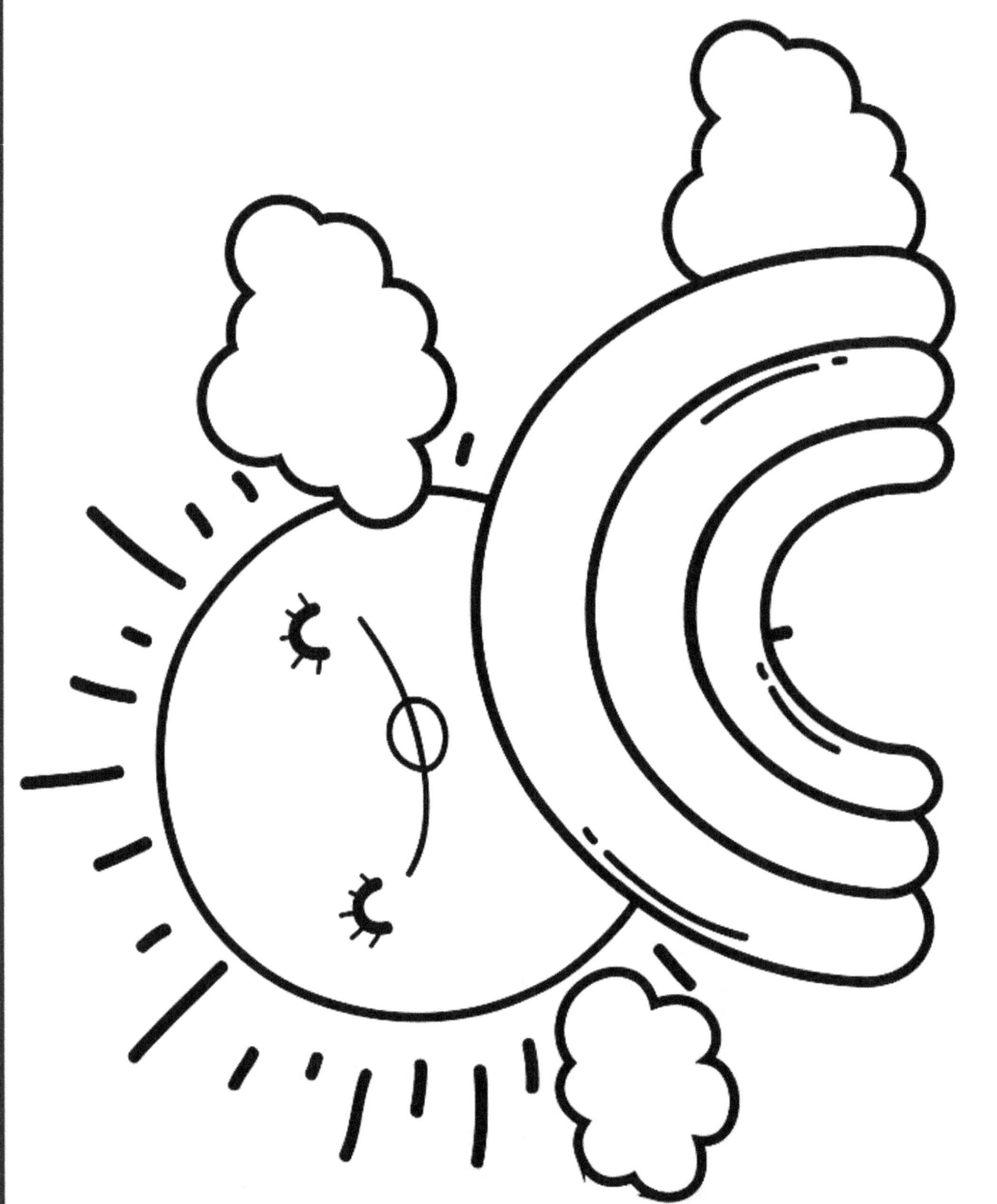

REGENBOGEN MALBUCH

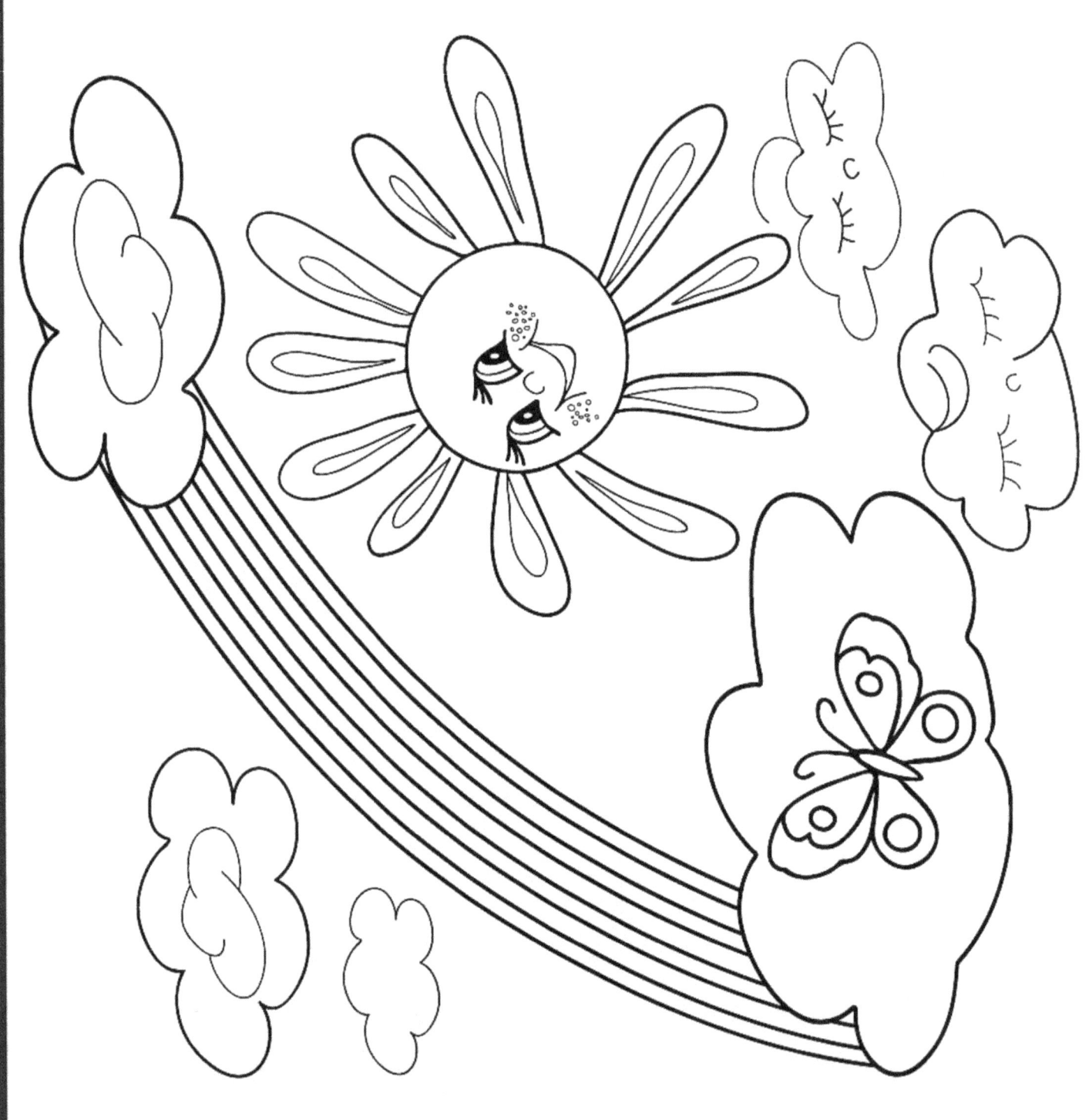

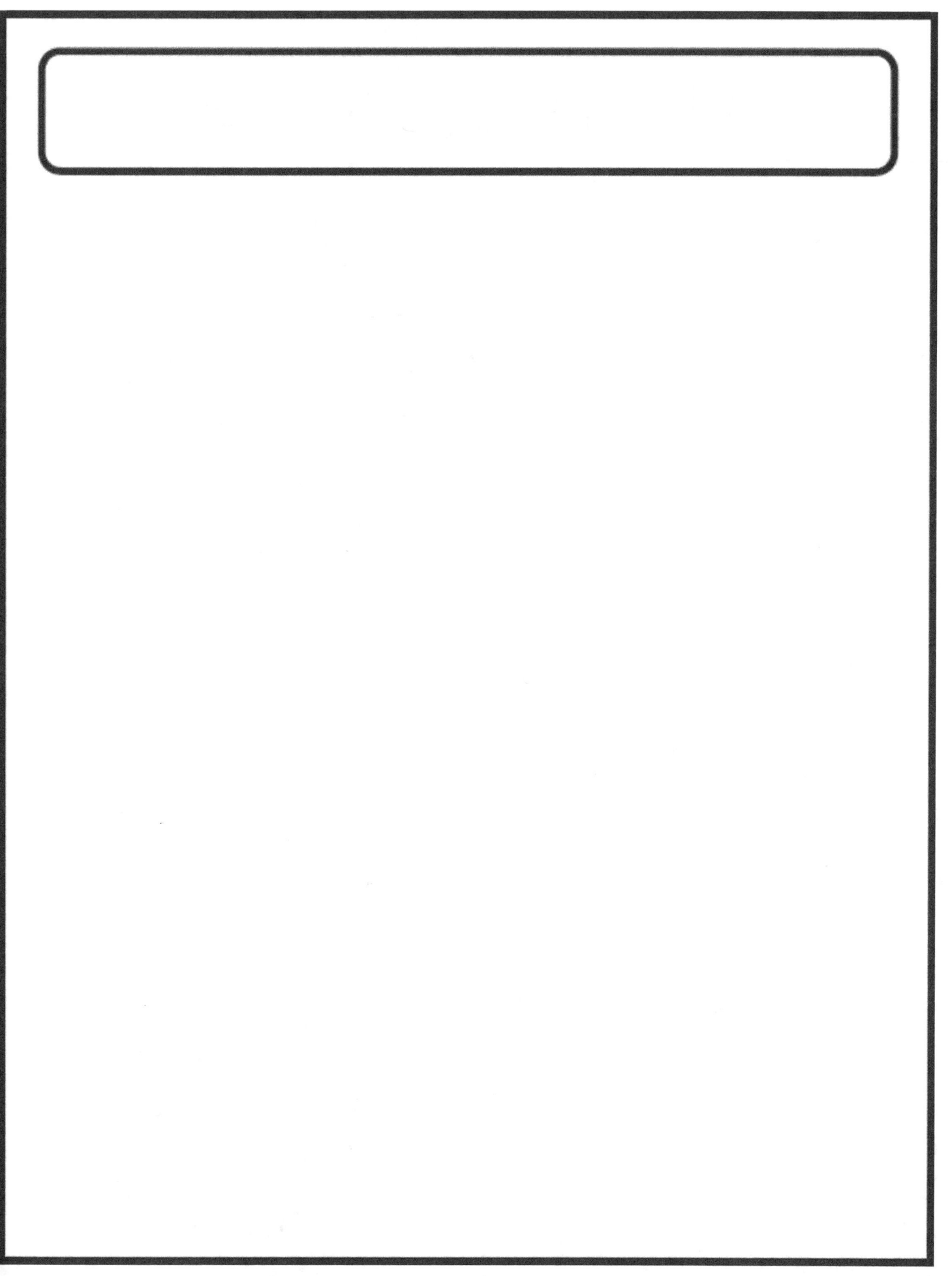

REGENBOGEN MALBUCH

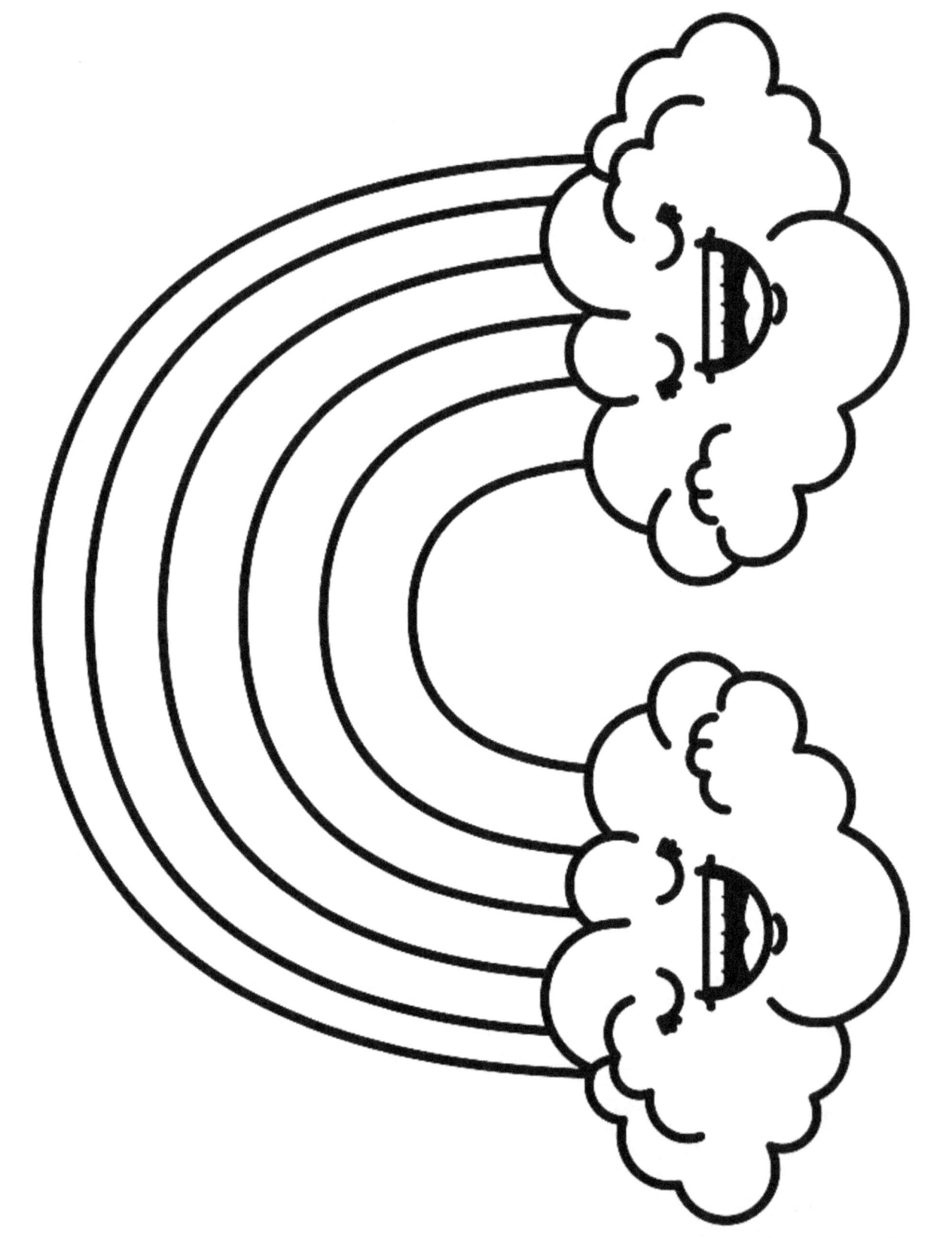

REGENBOGEN MALBUCH

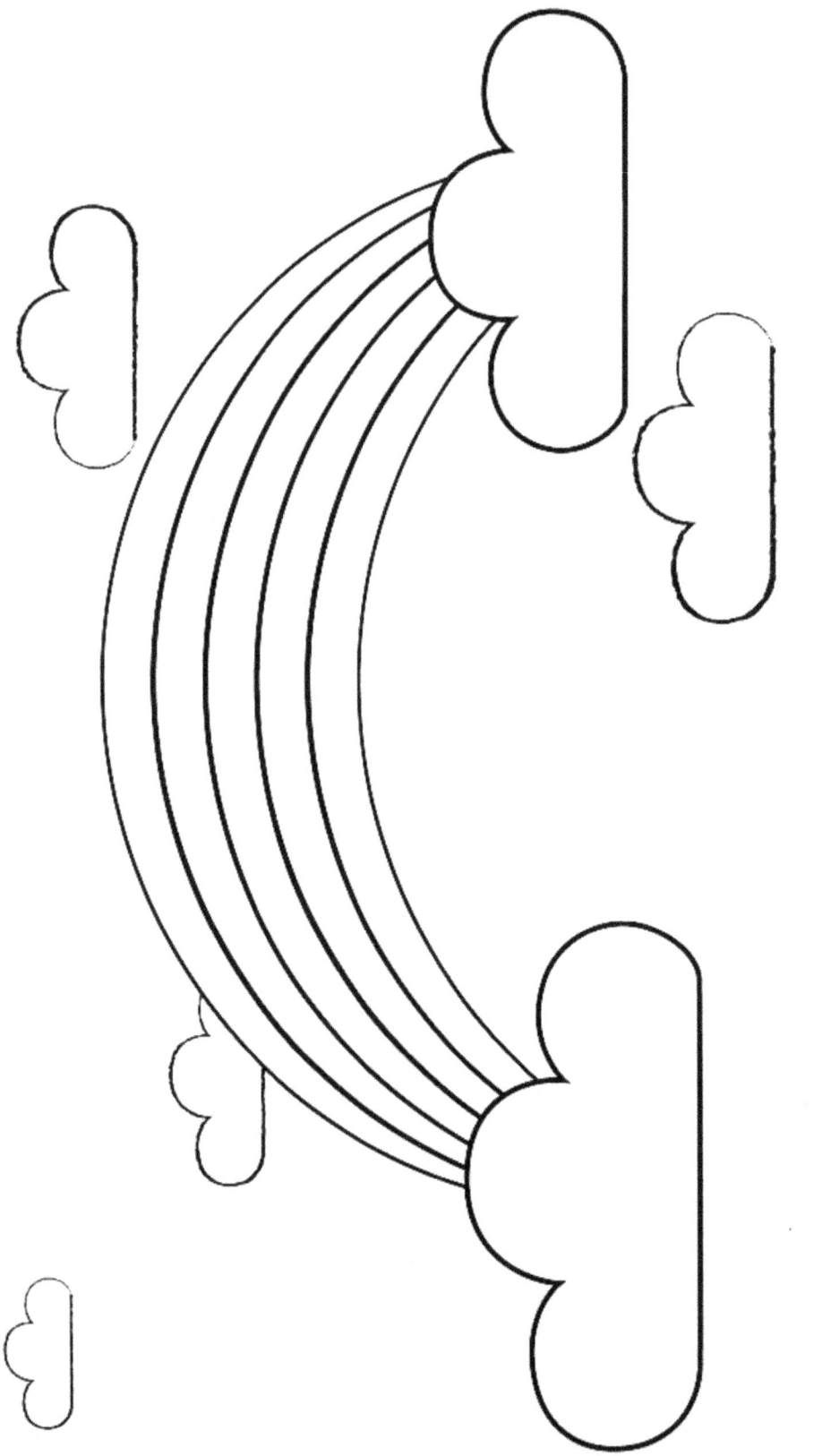

REGENBOGEN MALBUCH

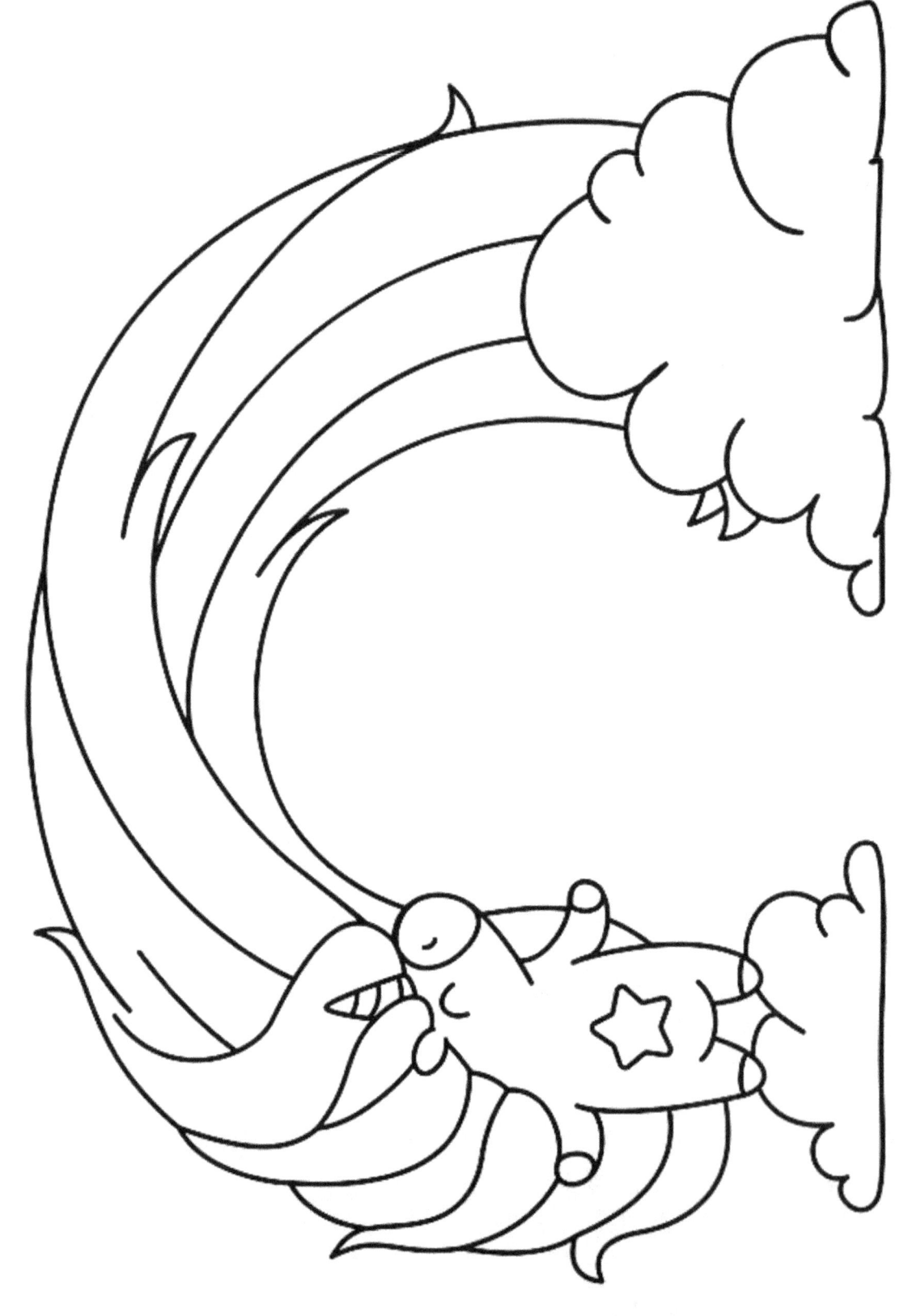

REGENBOGEN MALBUCH

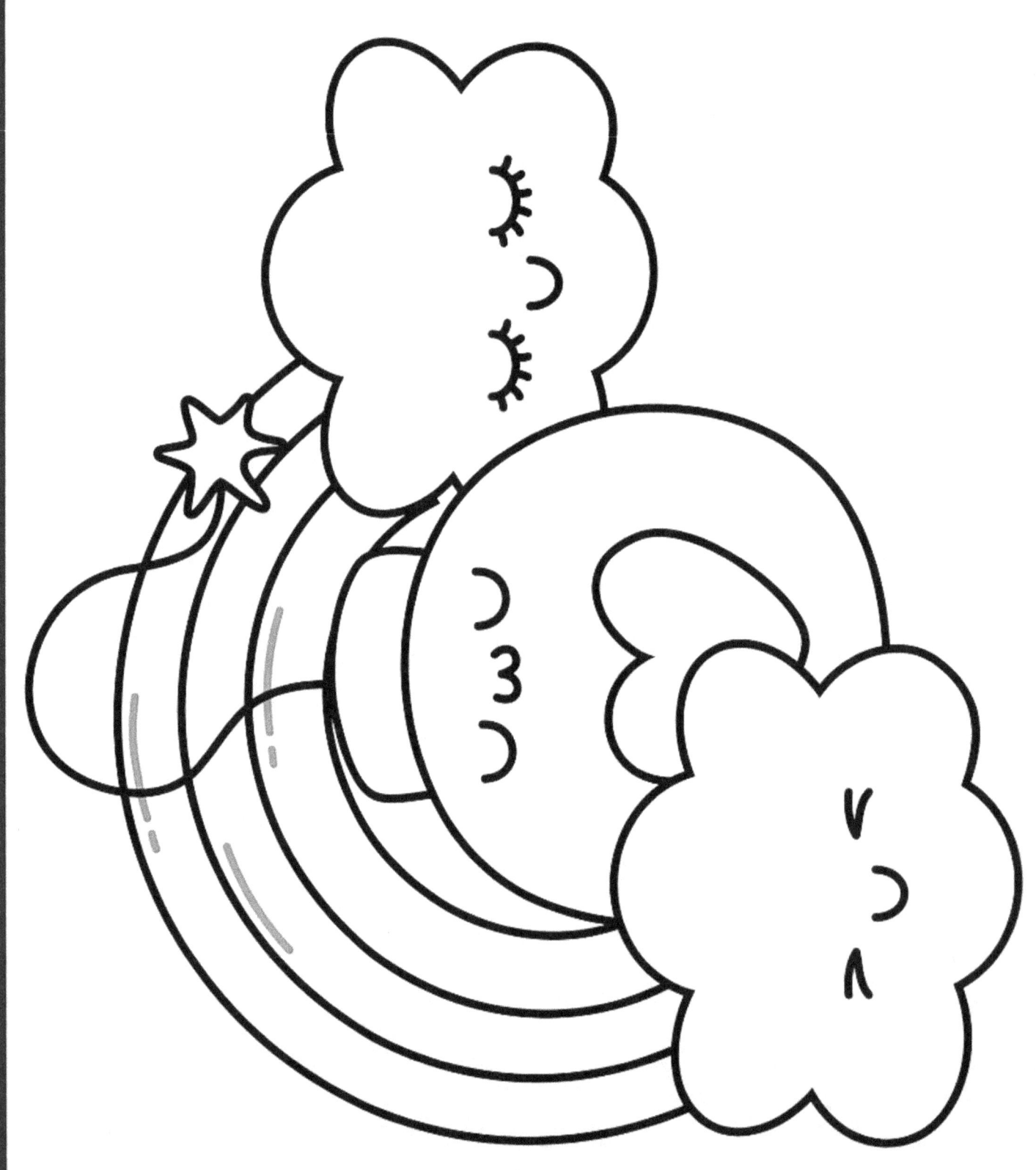

REGENBOGEN MALBUCH

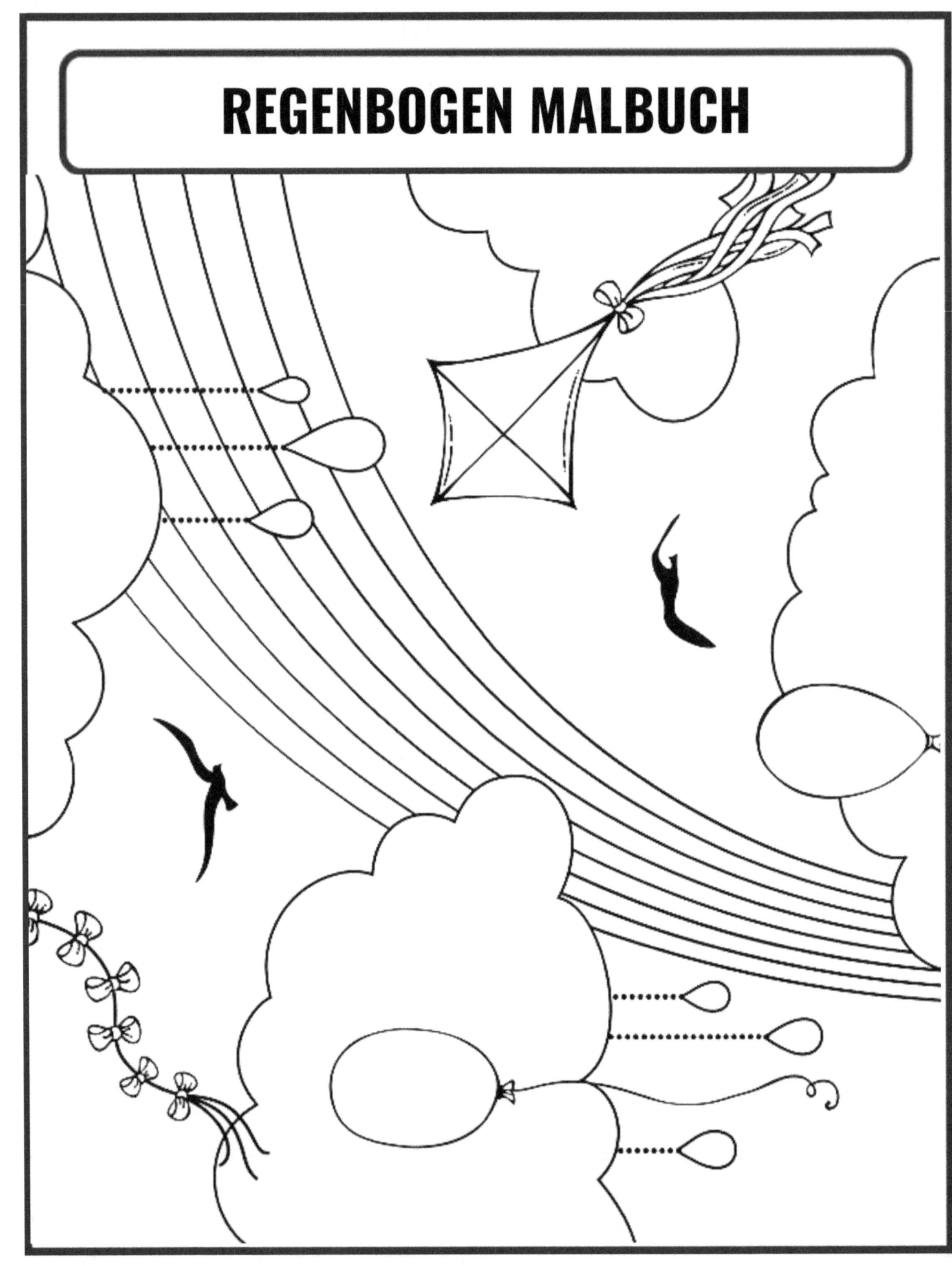

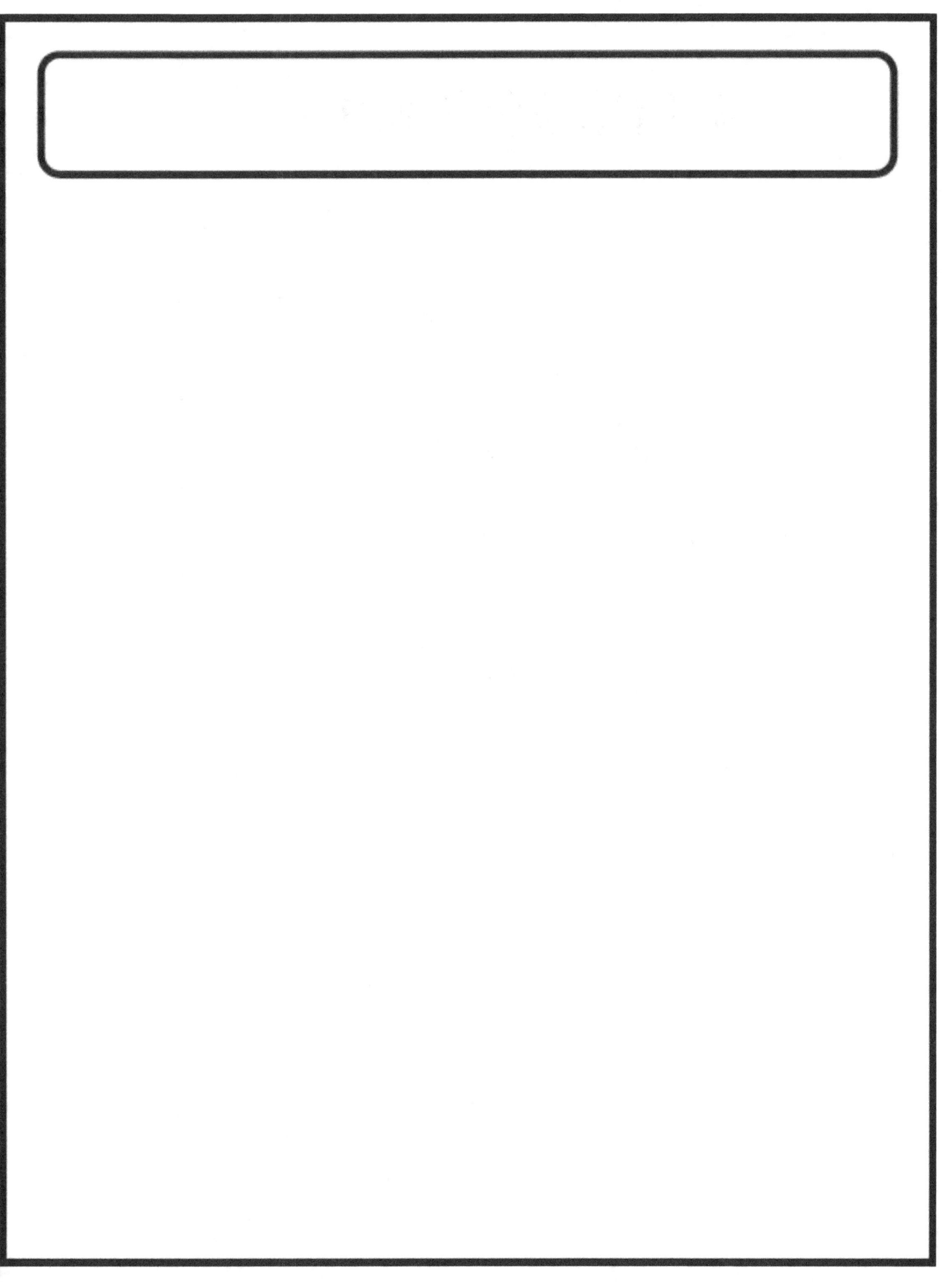

REGENBOGEN MALBUCH

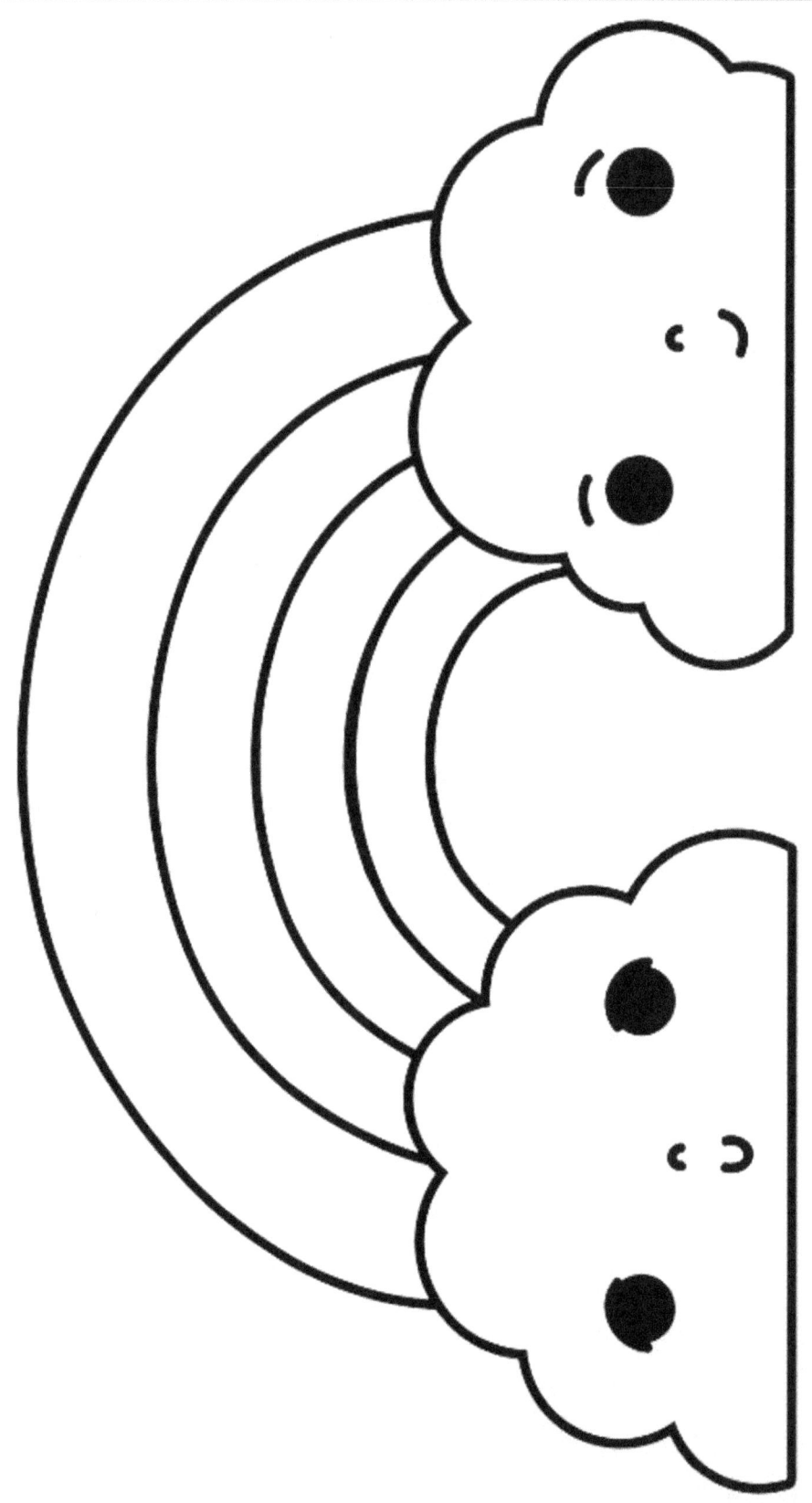

REGENBOGEN MALBUCH

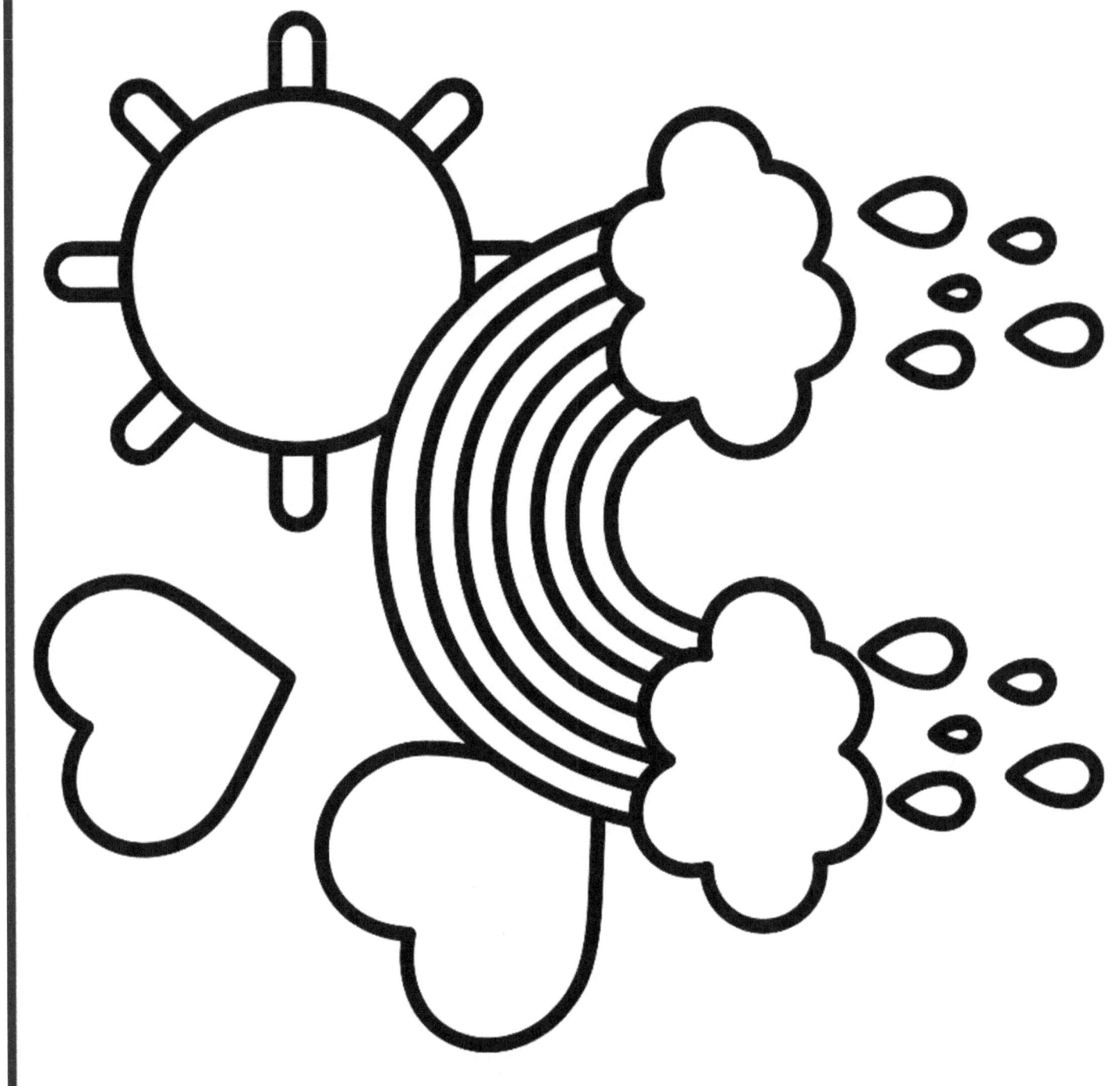

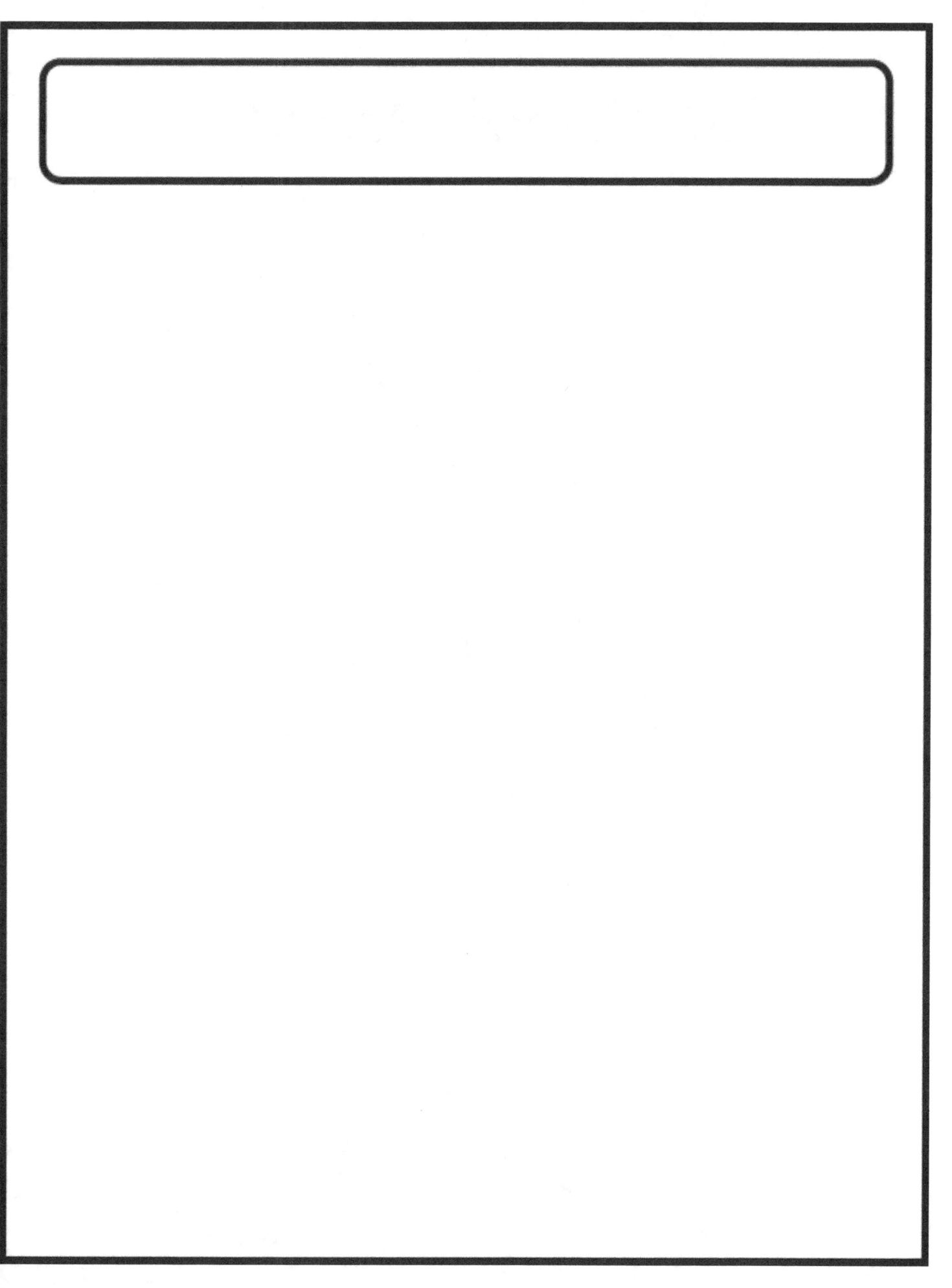

REGENBOGEN MALBUCH

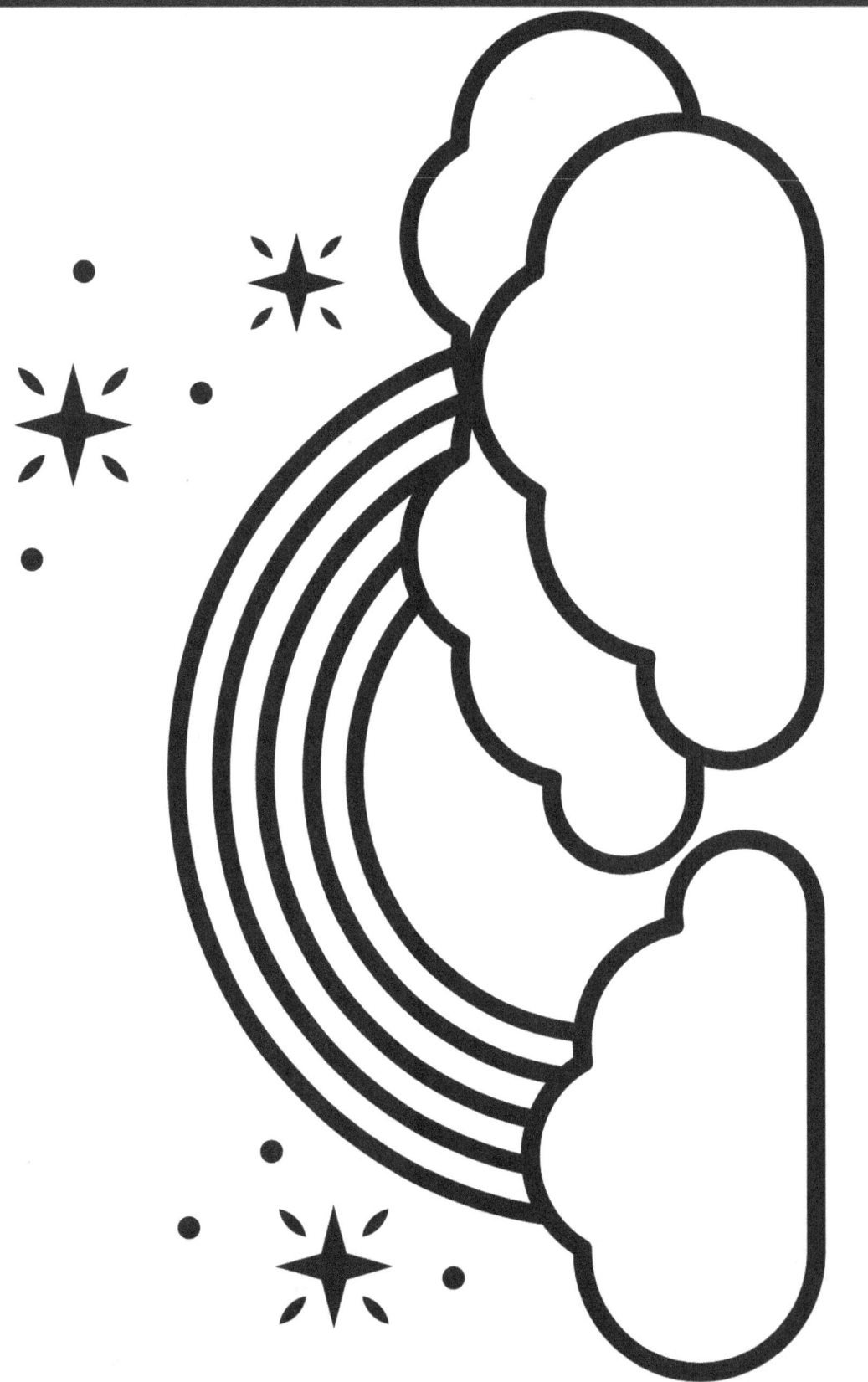

REGENBOGEN MALBUCH

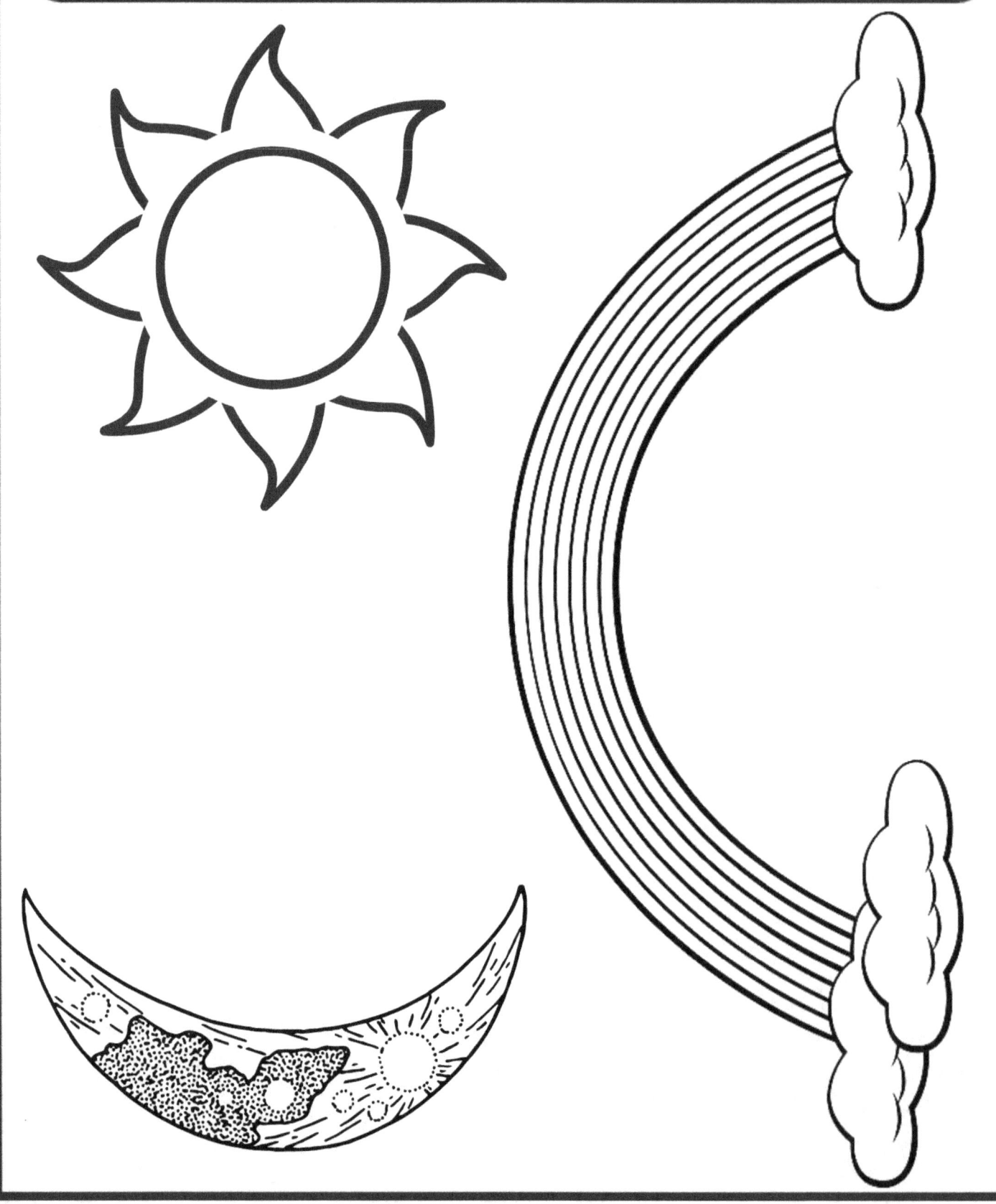

REGENBOGEN MALBUCH

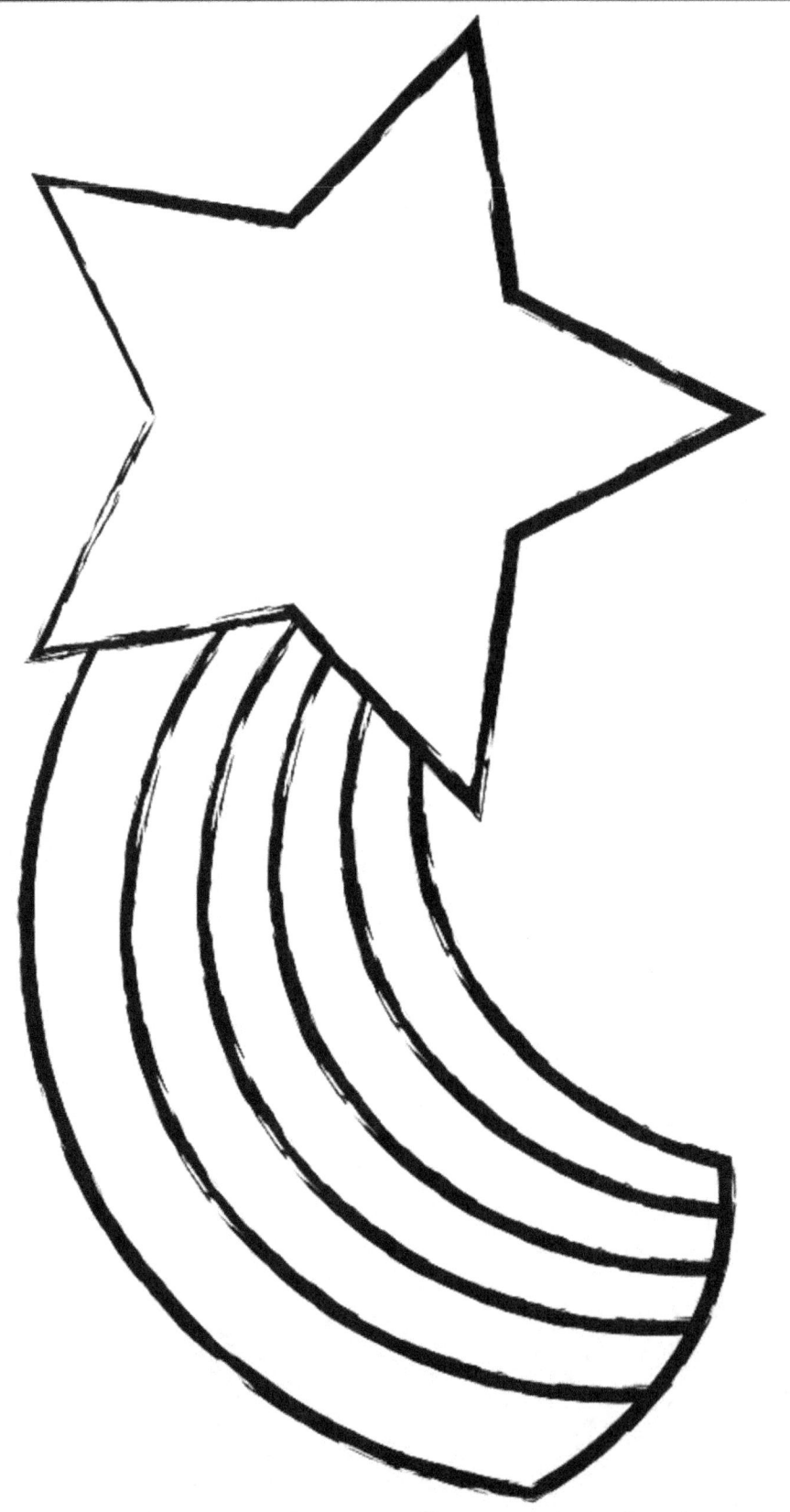

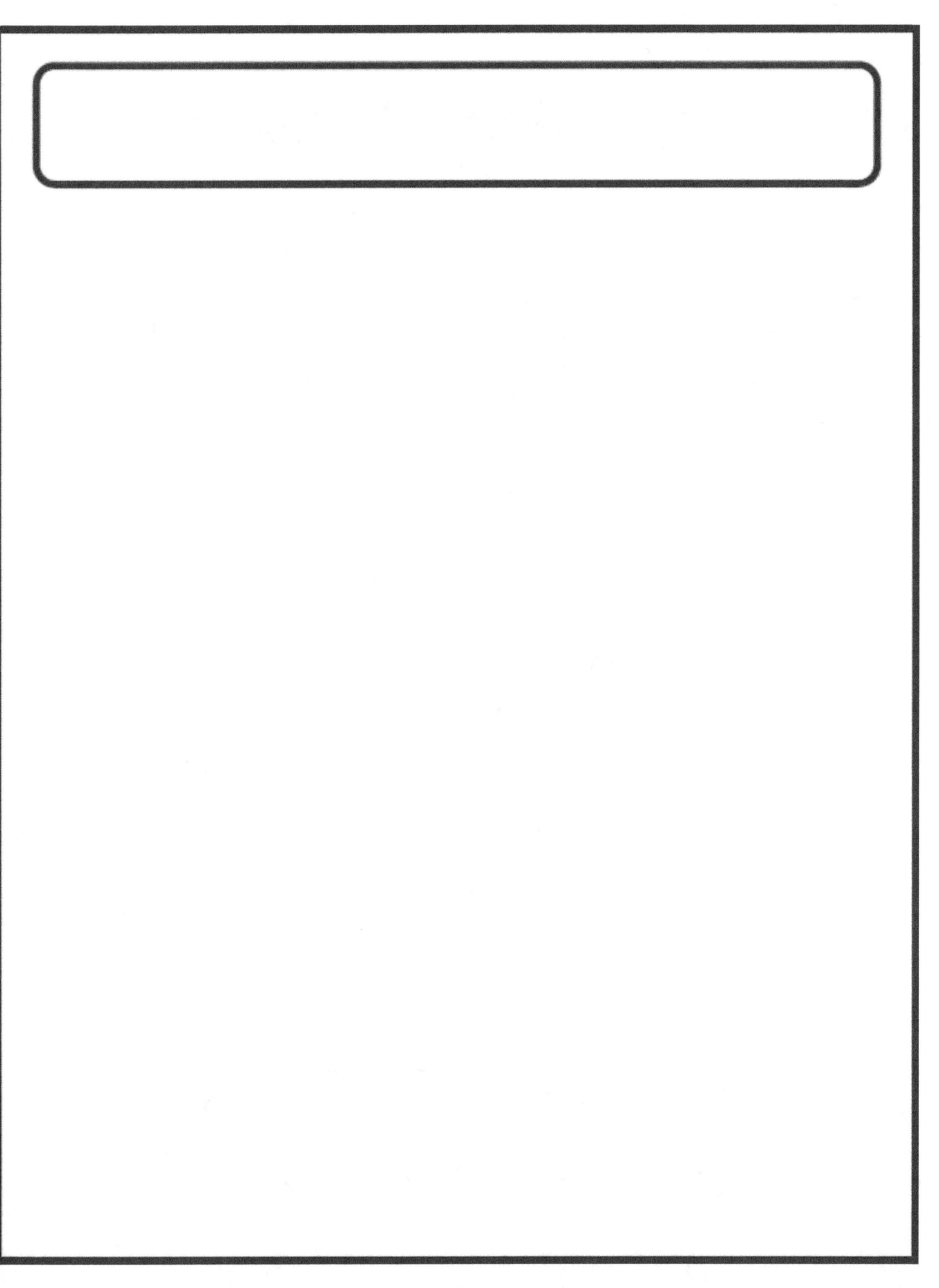

REGENBOGEN MALBUCH

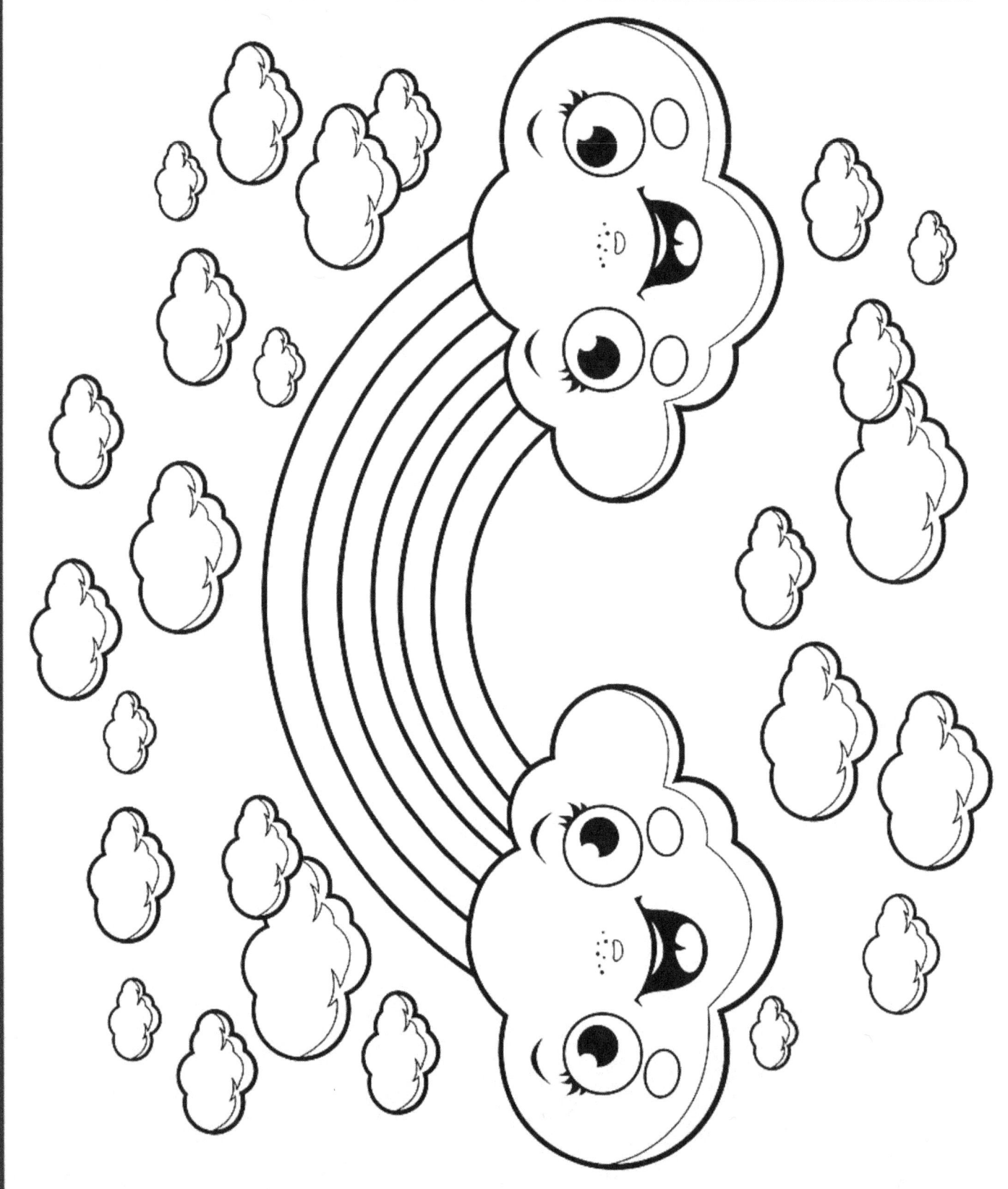

REGENBOGEN MALBUCH

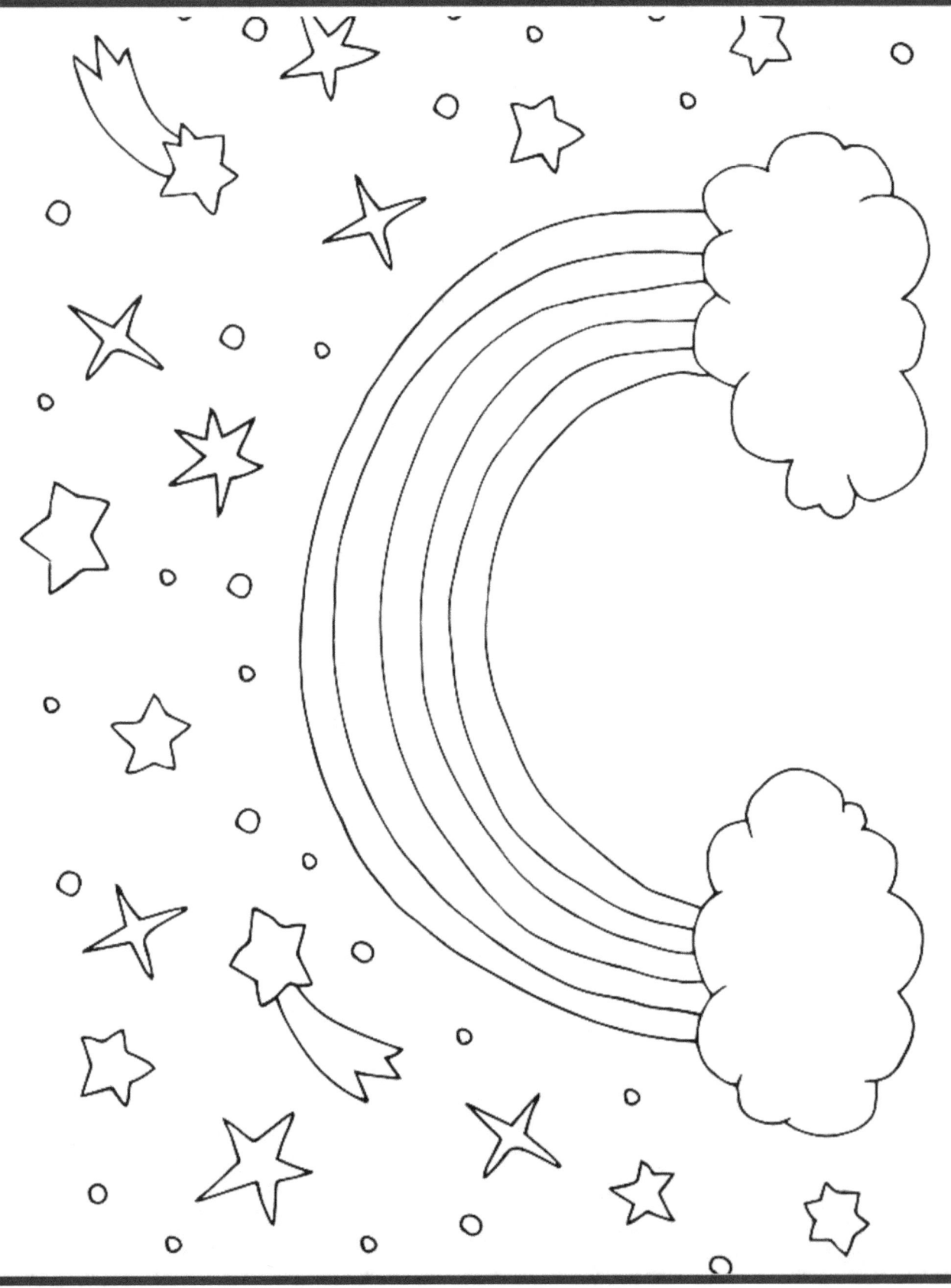

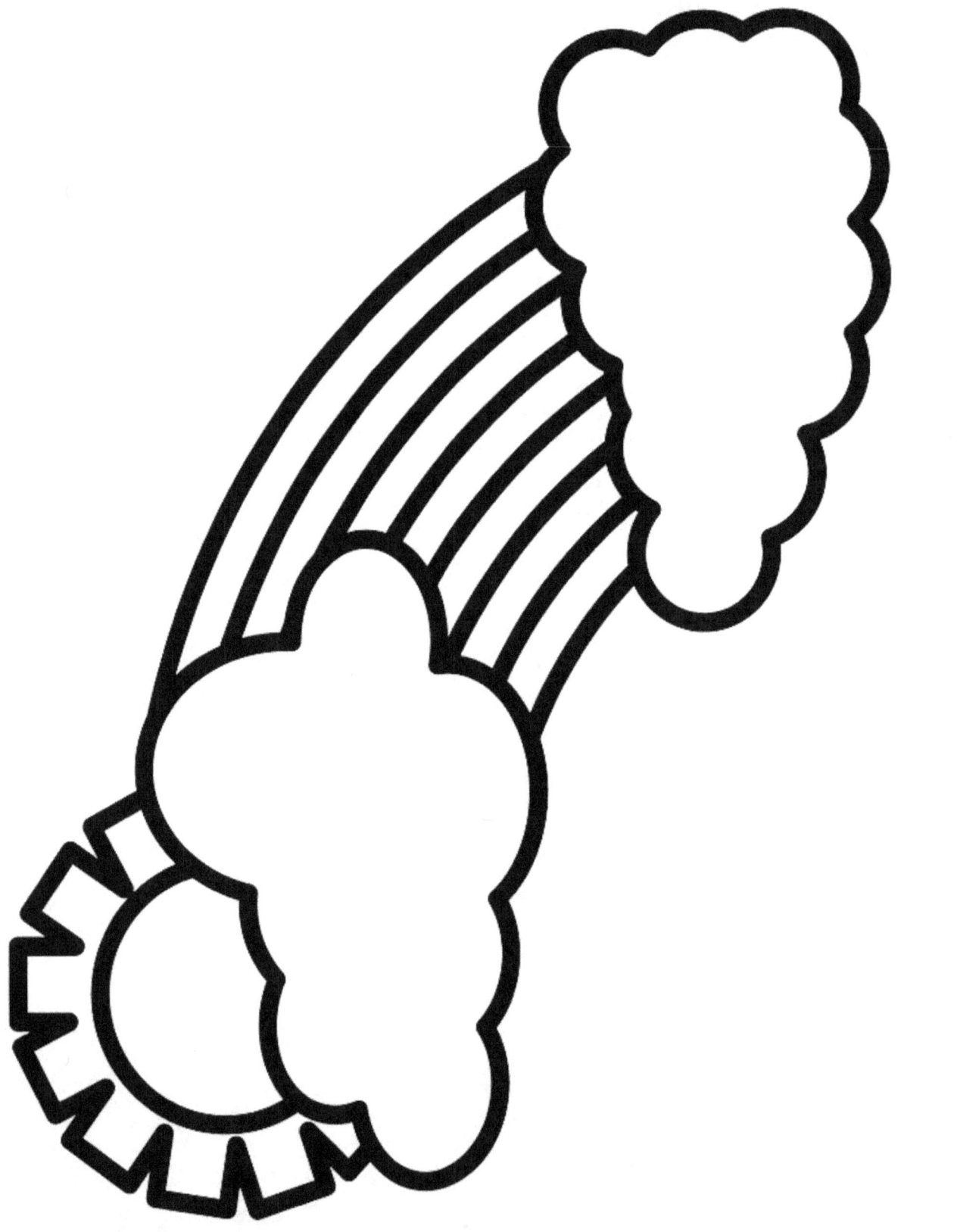

REGENBOGEN MALBUCH

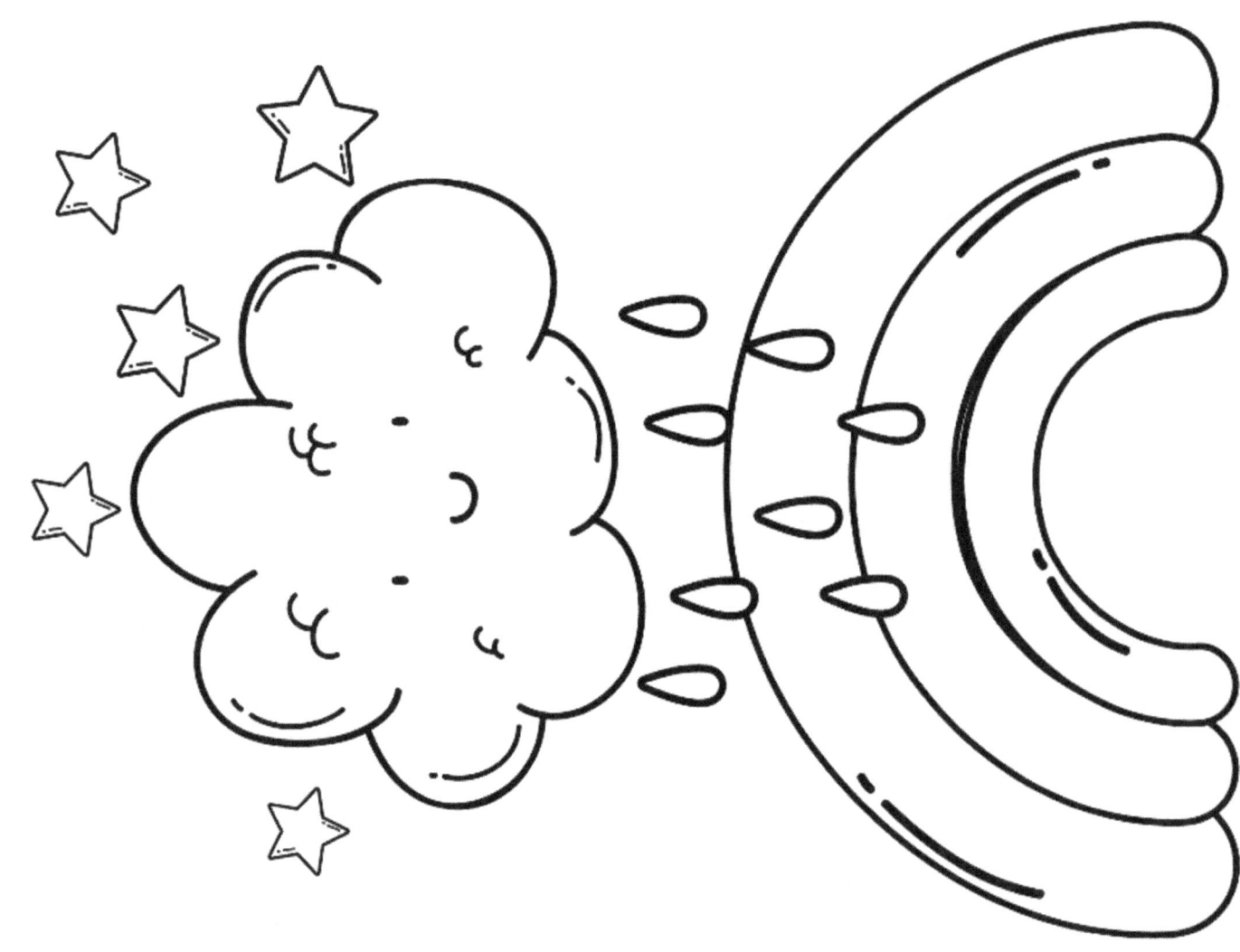

REGENBOGEN MALBUCH

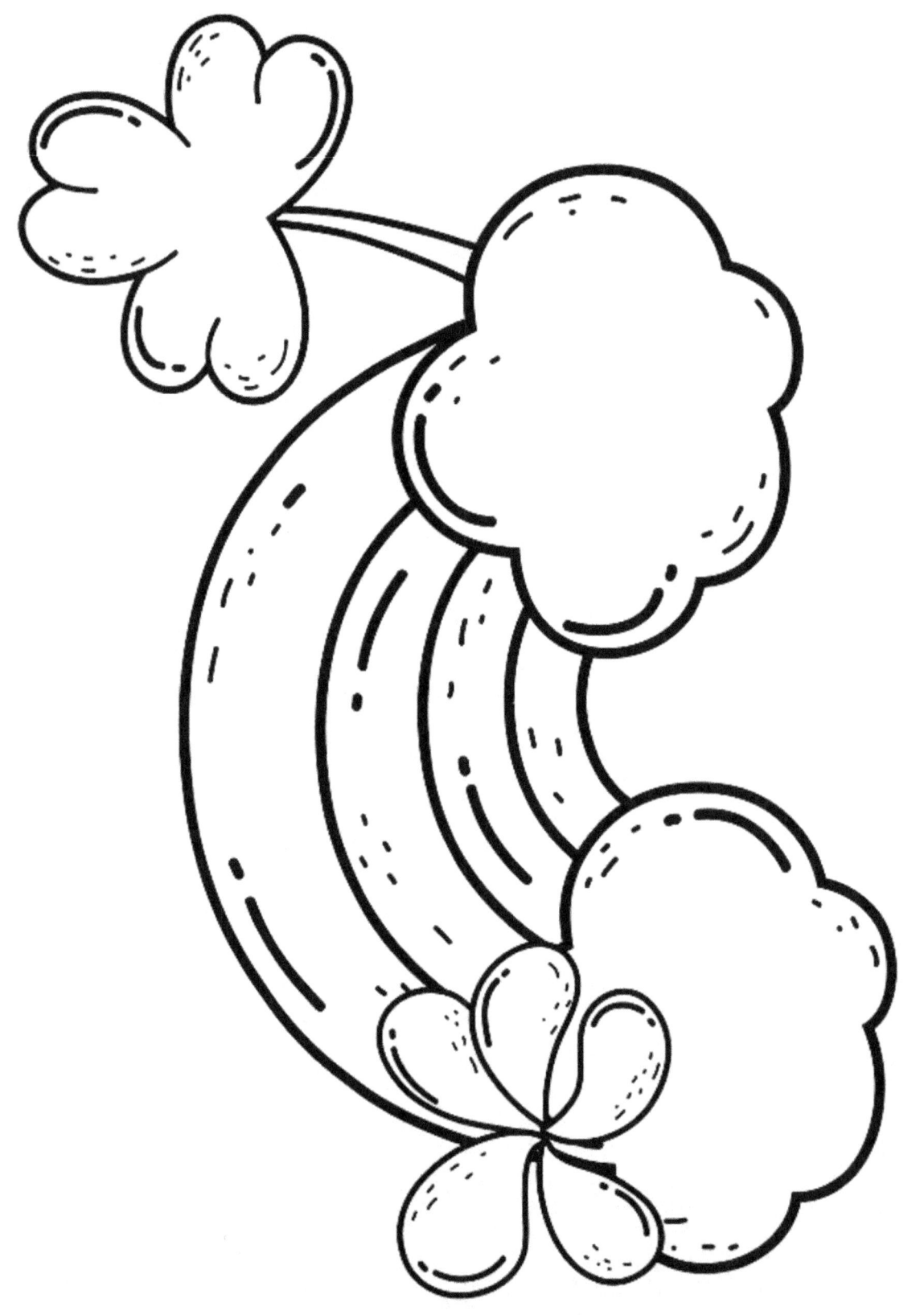

REGENBOGEN MALBUCH

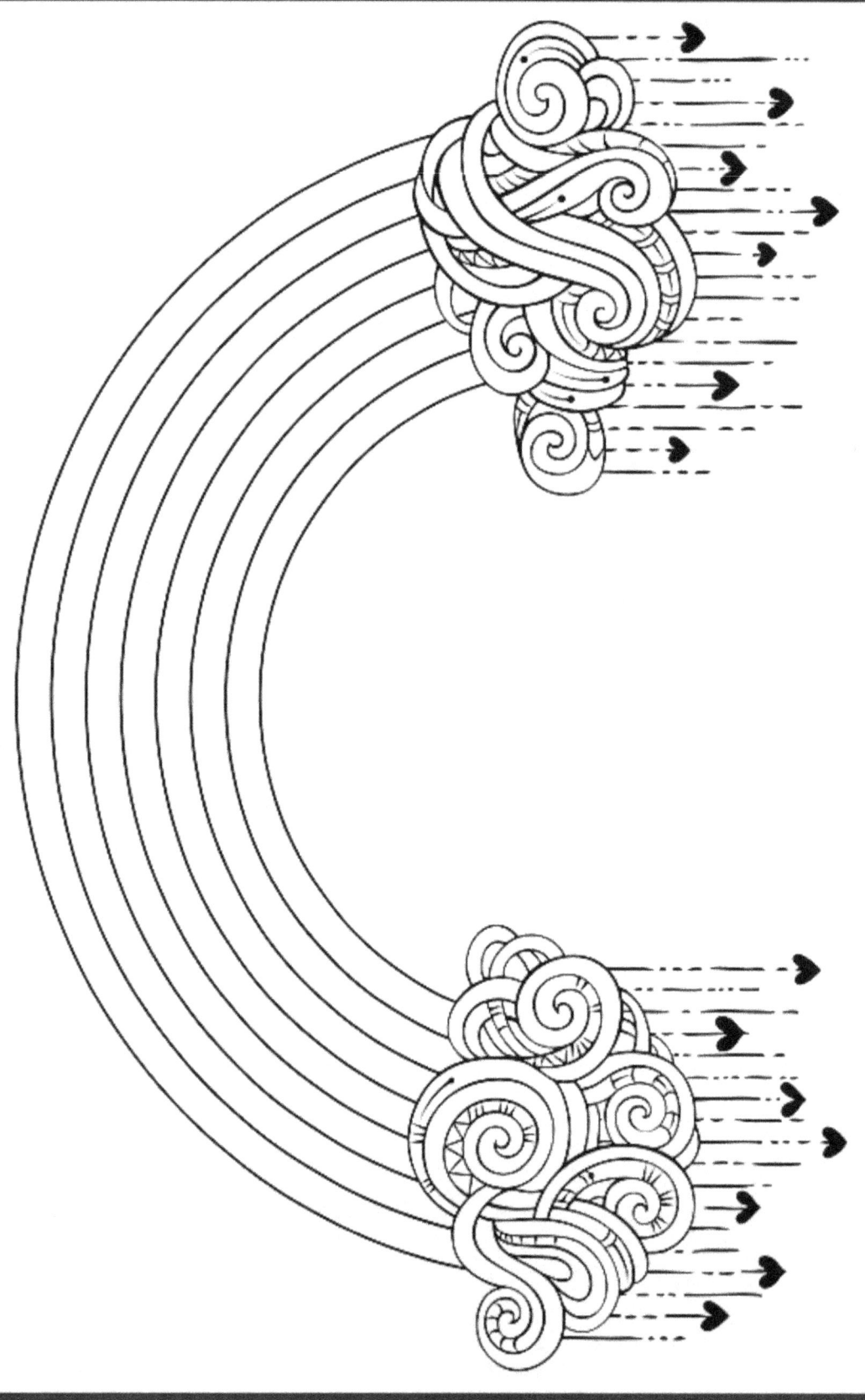

REGENBOGEN MALBUCH

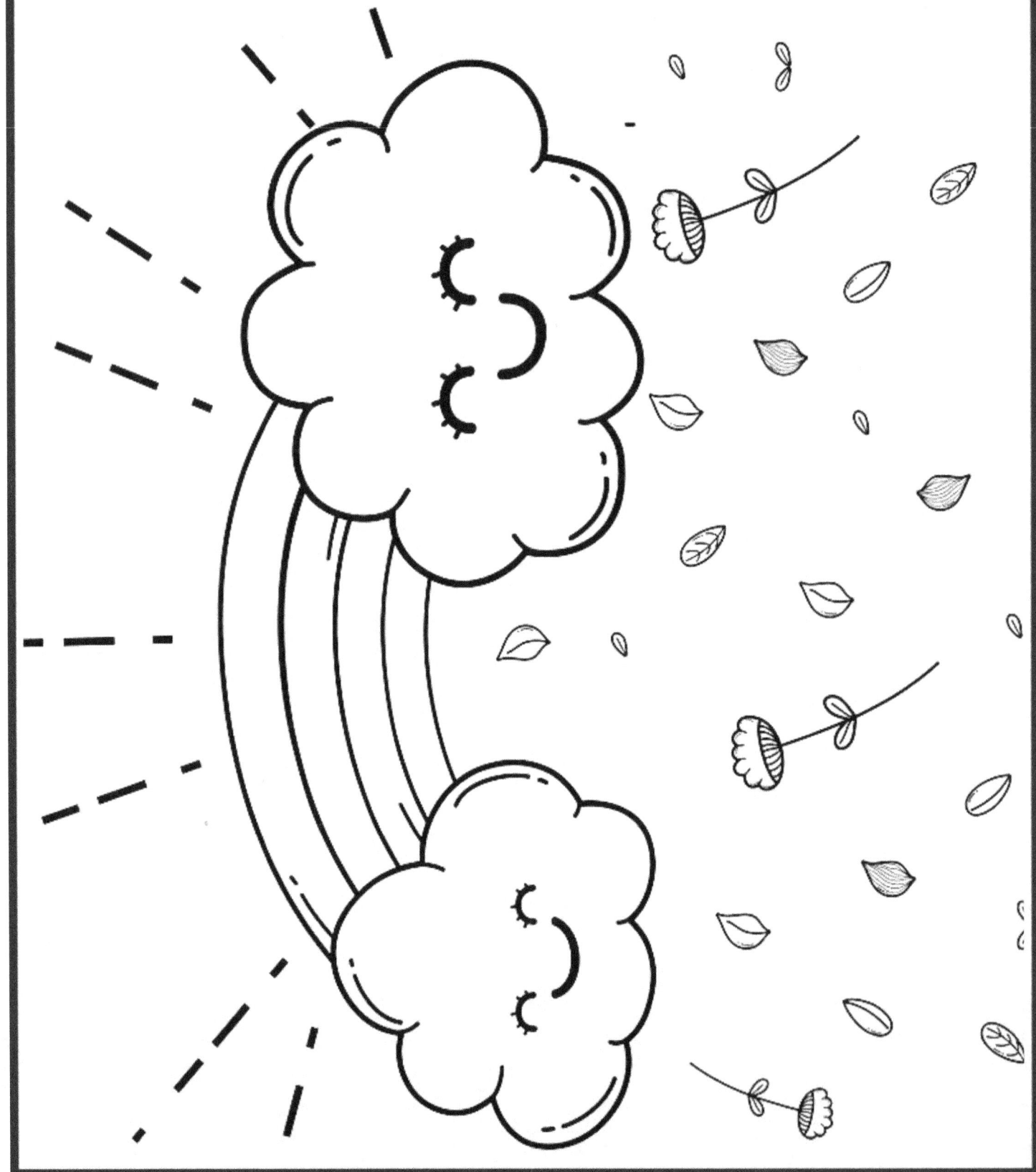

REGENBOGEN MALBUCH

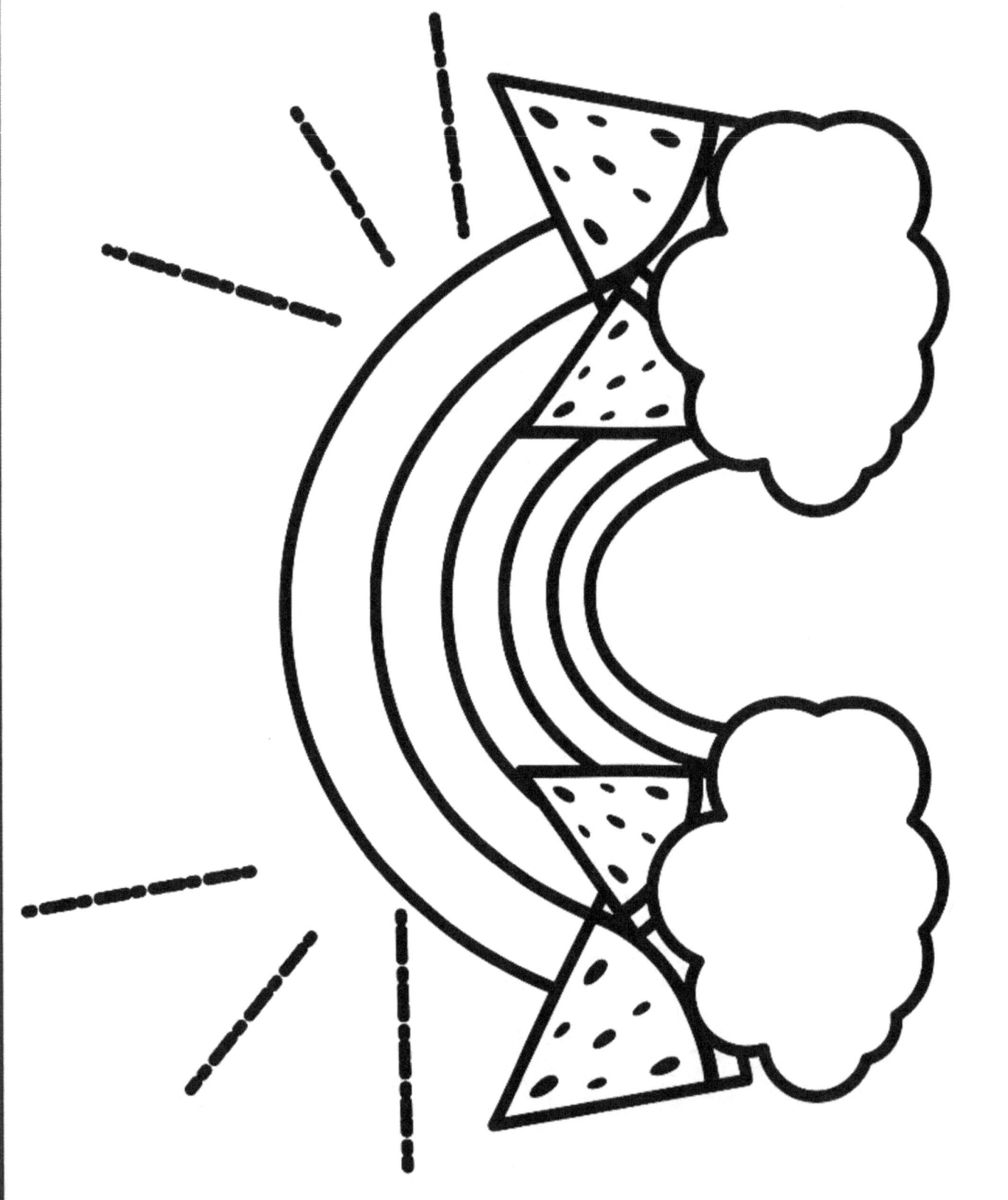

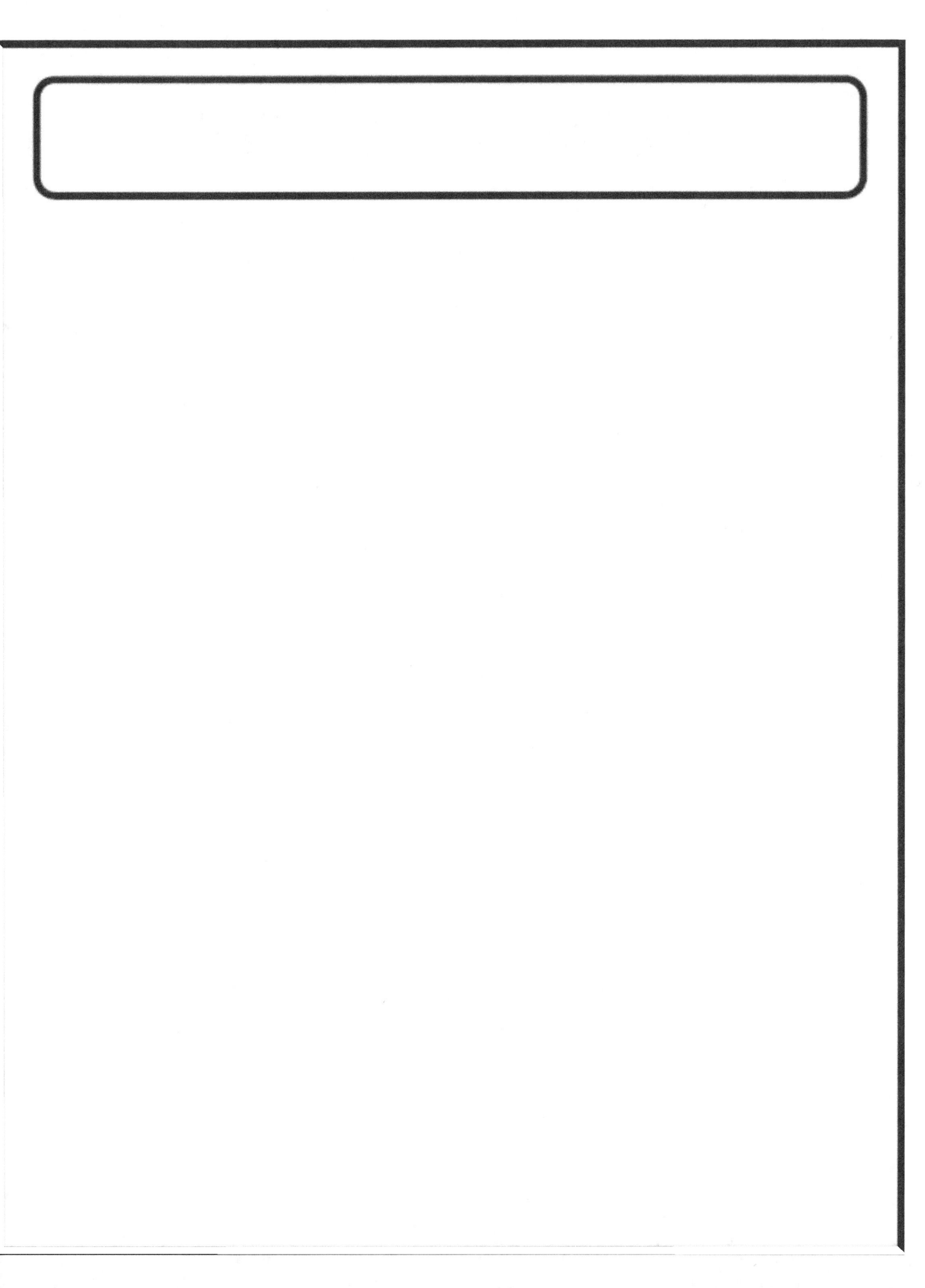

REGENBOGEN MALBUCH

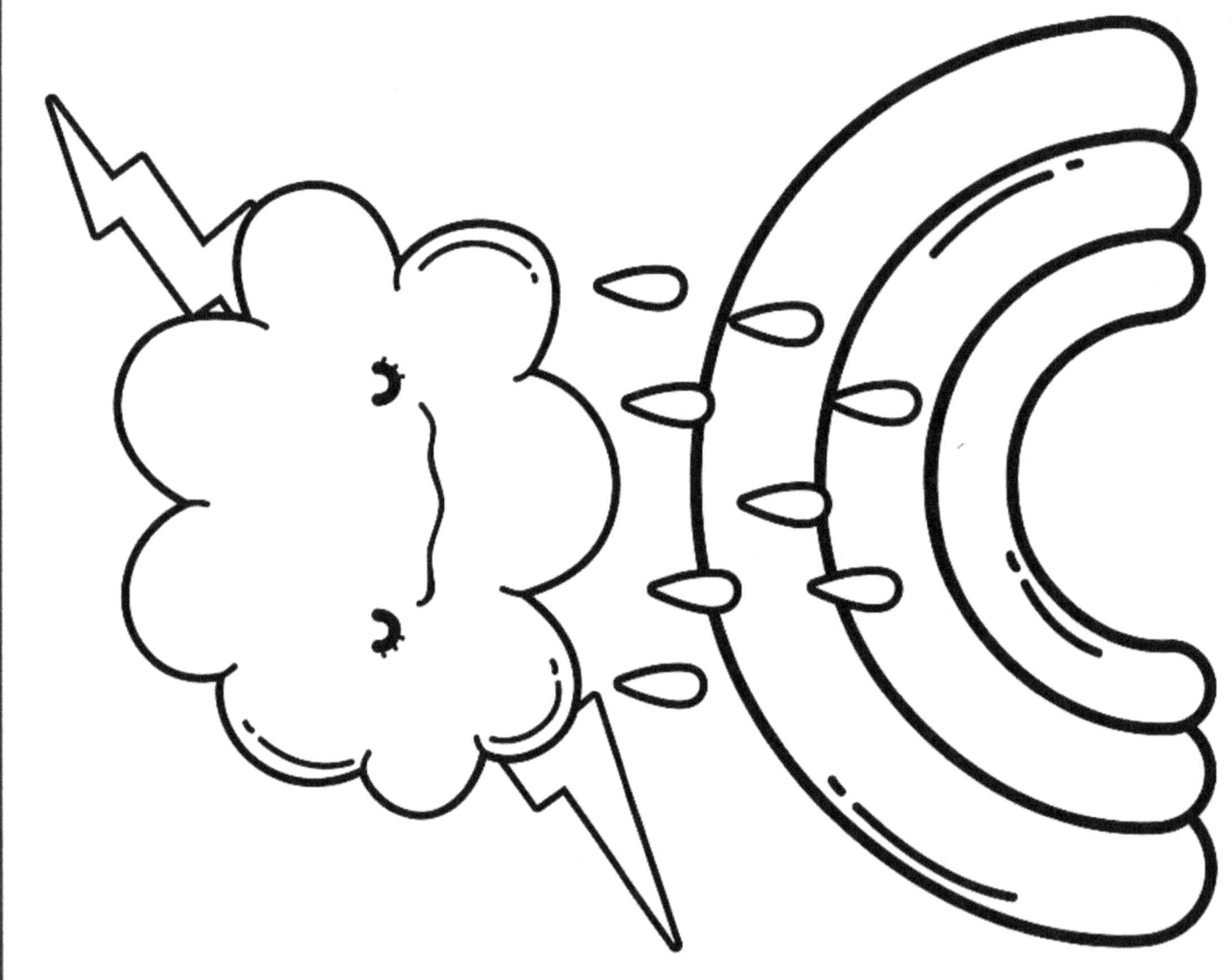

REGENBOGEN MALBUCH

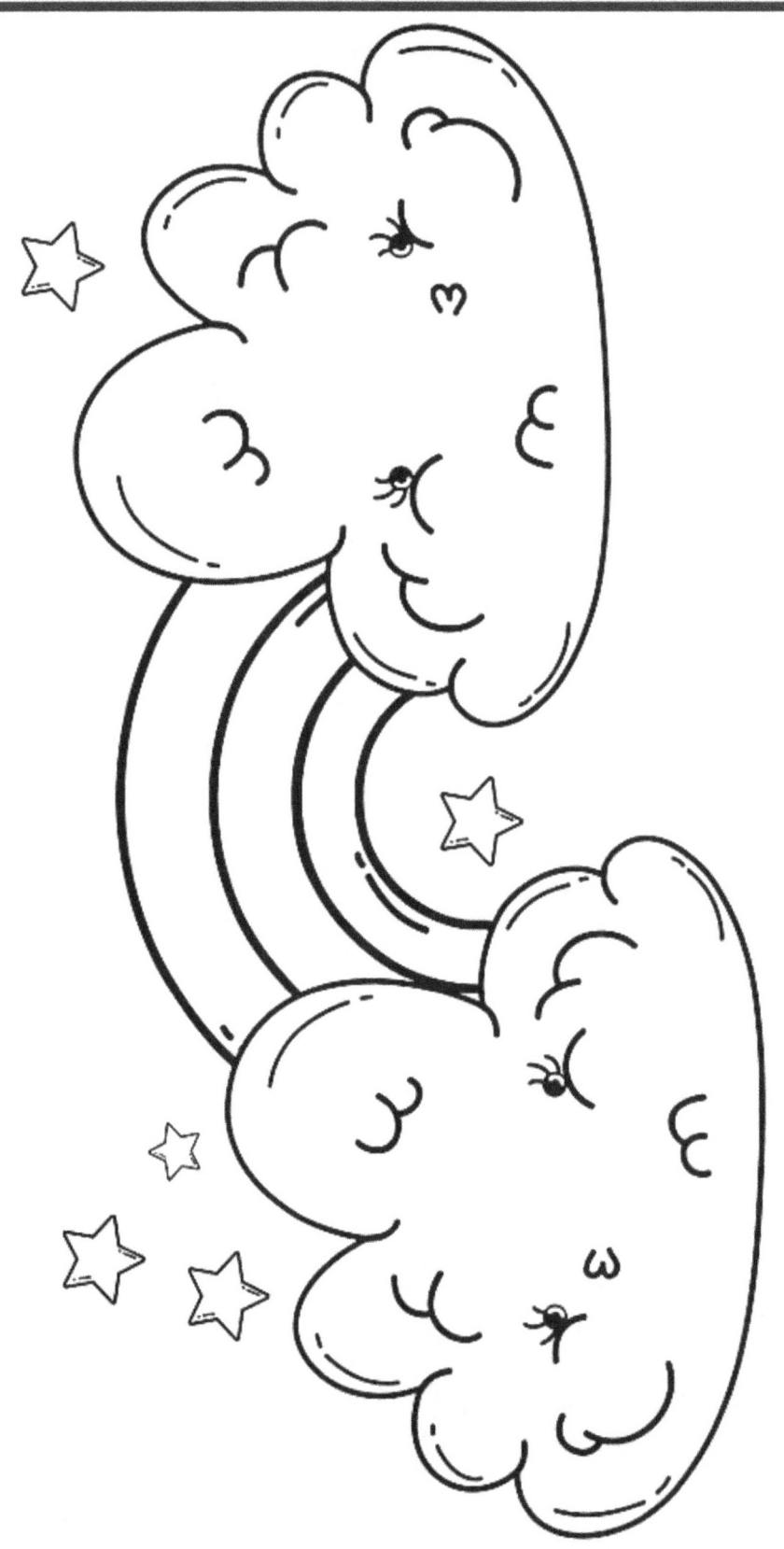